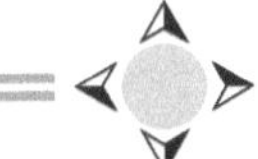

L'AFROCRATISME CONTRE LE NOUVEL ORDRE MONDIAL

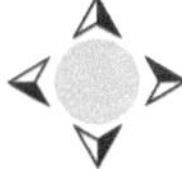

L'AFROCRATISME CONTRE LE NOUVEL ORDRE MONDIAL

Dr. François Adja Assemien

THE REGENCY PUBLISHERS

ISBN: 978-1-961096-35-6   (Paperback Edition)
ISBN: 978-1-961096-36-3   (Hardcover Edition)
ISBN: 978-1-961096-34-9   (E-book Edition)

Book Ordering Information

The Regency Publishers, US
521 5th Ave 17th floor NY, NY10175

Phone Number: (315)537-3088 ext 1007
Email: info@theregencypublishers.com
www.theregencypublishers.com

Printed in the United States of America

Essai sur la problématique de la modernisation, de la mondialisation, de la démocratisation, du développement et du gouvernement de l' Afrique

DU MÊME AUTEUR

Les Rebelles Africains, roman, Edilivre, 2016

Introduction à la philocure, essai, Edilivre, 2016

La Conscience Africaine, essai, Edilivre, 2016

Les Règles d'or du bonheur, du succès, de la santé et du salut personnels, essai, Edilivre, 2016

Education morale et spirituelle, essai, Edilivre, 2016

Ahikaba, roman, Mary Bro Foundation Publishing, 2018

La Côte d'Ivoire et ses étrangers, essai, 2002

Les Onze maux de la Côte d'Ivoire, essai, 2005

Le Guide Africain de philosophie, de sciences humaines et d'humanisme, manuel, 1985

Leçons politiques aux jeunes africains, essai inédit

Président Donald Trump et les Africains, essai, Edilivre, 2019

L'Art de vivre en Amérique, guide, Edilivre, 2019

Histoires fantastiques, contes inédits

Le monde ne vaut rien, essai, Edilivre, 2019

Code électoral, roman, 1995

La Côte d'Ivoire interdite, roman, 1992

Thomas Sankara comme Thomas More et Socrate, essai, 2020

Aboubou musique, essai, Abidjan, 2020

Portrait du bon et du mauvais électeur, du bon et du mauvais candidat, essai, 2000

La pensée politique pour sauver la Côte d'Ivoire, essai, Afro-Star, 2003

L'Afrique interdite, essai, Edilivre, 2016

La Côte d'Ivoire a mal, essai, Edilivre, 2018

Let's save humanity and life, essay, Global Summit House, 2021

The current slavery in Africa, essay, Global Summit House, 2021

Corona virus, essay, Global Summit House, 2020

America is paradise, essay, Author's Note 360, 2021

The Power of American women, essay, GoldTouch Press, 2021

La Puissance de la femme américaine, essai, GoldTouch Press, 2021

La Philosophie de l'esprit africain, essai, Harmattan, 2021

TABLE DES MATIÈRES

Je dédie ce livre

A

La jeunesse noire
(qui aura pour tâche d'oeuvrer à l'amélioration du sort des Noirs)

La mémoire de Nanan Koffi Drobo II
(prêtre ghanéen du Dieu Kwaku Firi et très grand guérisseur qui
a relevé un très grand défi de nos jours en réussissant la guérison
de certains malades sidéens, ce qui lui a valu son assassinat)

La mémoire de Mouamar Kadhafi
(le plus grand résistant et révolutionnaire africain, le plus grand
panafricaniste après Nkrumah, le meilleur dirigeant politique
contemporain assassiné par l'OTAN et ses valets Libyens et
d'autres Africains)

La mémoire de E. W. Blyden
(le plus illustre précurseur de l'africanisme responsable et
patriotique)

Le souci d'une libération culturelle, d'une décolonisation mentale paraît encore aux yeux d'un grand nombre des dirigeants africains comme une espèce d'aventure... Et pourtant, plus que sur tout autre domaine, c'est sur le terrain culturel, mental, moral et spirituel que se vérifie l'assertion "le plus fort domine toujours le plus faible"(...).

Nos jeunes Etats indépendants de l'Afrique devraient se pénétrer de la nécessité vitale de se forger les armes adéquates de l'indépendance culturelle pour pouvoir résister à l'impérialisme culturel, le plus nuisible et le plus tenace.

(Par Bayona Ba Meya Muna Kimvimba, in **Dynamiques et finalités des droits africains**, Paris, Ed. Economica, 1980, p.229).

L'anormal passe pour normal et on fait croire à l'Afrique qu'elle a besoin de l'Europe pour se sauver de la misère.

(Par N'gugi Wa Thiongo cité par Daniel Anikpo in **Du défi au pari africain**, p. 69).

L'indépendance de l'Afrique sera au prix de la désobéissance aux idéologies reçues, aux philosophies occidentales et autres trop asphyxiantes, au prix d'un renversement systématique de l'ordre établi sur notre dos, au prix d'une relativisation d'une pensée dogmatique dans la mesure où on la proclame universelle.

(Par Krekre Firmin, in **Bulletin de liaison des professeurs de philosophie ivoiriens**, 1989, n 8, p. 23).

PRÉFACE

A l'instar du philosophe Karl Marx qui a créé la science sur le capitalisme révélant la dialectique Bourgeoisie-prolétariat, Dr Assemien Adja François a créé la science sur le Modernisme découvrant ainsi la dialectique Intelligentsia-Paysannerie en Afrique qu'il a dénommé **l'Afrocratisme**. Ce néologisme se définit étymologiquement ou littéralement comme la doctrine du gouvernement de l'Afrique. En fait, l'Afrocratisme est une conception du monde, de la vie, de l'homme et de la société à réaliser par et pour les Africains. C'est une philosophie de l'histoire ayant pour référence l'humanité africaine dans le monde. Tout comme les philosophies occidentales ont pour référence l'humanité blanche à laquelle elles tentent de donner une vocation et une valeur universelles.

La philosophie assemienienne est soutenue par une démarche scientifique (positivisme) procédant par l'analyse et la critique rigoureuses, objectives, de la culture et de la civilisation occidentales s'exprimant aujourd'hui en Afrique sous forme de néocolonialisme qui reçoit l'appelation emphatique et "glorieuse" de Modernité. Sous cette dénomination idéologique (voir le sens marxien de ce mot) comme euphémisme ou démagogie et tromperie, est dissimulée toute une violence colonialiste, égoïste, impérialiste, esclavagiste et "occidentalocentrique" (ce mot est d'Assemien Adja). Cette violence est récupérée bêtement par l'intelligentsia africaine néocolonisée, égoïste et "intellectocrate" (ce mot également est d'Assemien Adja).

C'est ainsi qu'on vient à opposer, selon Dr Assemien Adja, la Modernité posée comme critère de Développement et de Bonheur à la Tradition conçue comme civilisation villageoise et malheur. Ce faisant, l'intelligentsia dévalorise et "colonise" l'Afrique villageoise. Et l'enjeu de cette action violente est incontestablement la direction absolue et l'exploitation cynique de l'Afrique tout entière. En d'autres termes, c'est le maintien par la corruption, la barbarie et la trahison d'un pouvoir artificiel, cruel, d'intellectuels égoïstes et occidentalocentristes. L'auteur de l'Afrocratisme nomme un tel régime INTELLECTOCRATIE. Voilà un néologisme qui exprime parfaitement, à notre avis, la réalité socio-politique de l'Afrique présente.

L'Afrocratisme, comme critique radicale et réfutation du Modernisme, ou philosophie anti-moderniste, dévoile tout le mécanisme de la dialectique très complexe de l'histoire sociale et politique de l'Afrique actuelle. Il montre les forces en lutte en Afrique (Intelligentsia contre Paysannerie), l'arsenal répressif et le bouclier idéologique (système de fictions ou mensonges) des Intellectocrates contre lesquels vont se briser leurs ennemis paysans. Ces fictions, fétiches ou hypostases sont les suivants: république, nation, Etat, démocratie, développement, paix, bien-être, socialisme, communisme, capitalisme, mondialisation, civilisation, droits de l'homme, liberté...Au total, l'Afrocratisme va en guerre contre le modernisme occidentalocentrique parce que celui-ci est un tissu de mensonges, d'injures, d'injustice et de violence.

Dr Kouakou Boco Bernard

PROLOGUE

Ce livre est une réplique africaine à l'impérialisme génocidaire actuel de l'Occident et de l'Asie comme tyrannie, brigandage, terrorisme, mafia, prédation et banditisme. C'est la riposte théorique, symbolique des Africains au phénomène de Nouvel Ordre Mondial qui défraie la chronique à présent avec l'arrivée de la covid-19 (transhumanisme, eugénisme des francs-maçons-Illuminati) dans le monde. **L'Afrocratisme** présente un nouvel ordre comme refus rétentissant de l'ancien et du nouvel ordre des méchants, des barbares et du diable. De quoi est fait l'**ancien** ordre mondial des bourreaux? Et de quoi est fait le **nouvel** ordre mondial de ces bourreaux? Essayons de décortiquer et d'analyser ces choses.

L'ancien ordre mondial et le nouvel ordre mondial sont des institutions, des lois, des systèmes de gouvernement, de domination et d'exploitation des peuples de la terre. Ces mécanismes de régulation et de contrôle du monde entier sont constitués par des systèmes de valeurs, de modèles sociétaux, juridiques, moraux, religieux, politiques, économiques, sociaux, culturels et civilisationnels. L'ancien ordre mondial est fait d'esclavagisation, de colonisation et de néocolonisation des humains. A ce niveau, plusieurs millions d'Africains ont été déportés en Amérique, en Europe, en Asie pour servir de bêtes de somme, d'instruments de production économique. Ils ont été chosifiés, déshumanisés, sacrifiés, maltraités, massacrés. Les Arabes ont esclavagisé les Africains pendant 13 siècles. Les Occidentaux l'ont fait pendant cinq siècles. Ensuite est venue la colonisation qui a duré deux siècles. Cela a consisté à opprimer, à dominer et à exploiter les Africains en Afrique. Tout le continent noir a été morcelé et partagé à des pays européens comme la France, l'Angleterre, la Belgique, l'Espagne, le Portugal, l'Allemagne etc. La Conférence de Berlin de 1884-1885 a consacré et entériné cela. Cet esclavage raffiné, moins coûteux et plus juteux, a duré deux siècles. Cela est fait de pillage des biens et des richesses africains, de travaux forcés, de cruauté, d'administration et de gestion de l'Afrique par les Etats européens. Puis sont venues les pseudo-indépendances octroyées aux colonies à partir de 1960. Nous disons pseudo-indépendances car elles sont purement formelles, nominales, théoriques. Car elles manquent totalement d'effectivité, de réalité.

Les actes juridiques fondateurs qui enlèvent toute effectivité à ces indépendances trompeuses sont la **Charte de l'impérialisme** et le **Pacte colonial**. Leur ancêtre (ou racine) commun est le **Code noir** de Colbert qui dénie ouvertement l'humanité à tous les Noirs et autorise le massacre ou la maltraitance de ces derniers par les Blancs. Le système des pseudo-indépendances de 14 pays francophones s'appelle la **Françafrique**. Ce système fait d'intrigues mafieuses permet à la France de voler, de piller toutes les richesses de ses colonies (prisons à ciel ouvert ou enclos). Ainsi la France assassine cyniquement, machiavéliquement tous ses gouverneurs à la peau noire appelés abusivement et par euphémisme chefs d'Etat et Présidents africains qui osent se rebeller et revendiquer la vraie indépendance, l'autonomie et la souveraineté pour leurs pays. Tous ceux qui trahissent la France en refusant d'appliquer rigoureusement et honnêtement le Pacte colonial (impôt colonial) afin de libérer, de sauver et de développer leurs pays sont froidement tués ou chassés du pouvoir (Thomas Sankara, Sylvanus Olympio, Modibo Kéita, Sékou Touré, Patrice Lumumba, Marien Ngouabi, Mouamar Kadhafi...). Les terroristes, les mercenaires et les soldats français contrôlent tout en Afrique et exécutent toutes les sales besognes (coups d'Etat, assassinats, pillages...). Ce système très criminel s'appelle le **Néocolonialisme**. Il a été mis en place par le Général de Gaulle et continue allègrement jusqu'à ce jour. C'est de l'impérialisme et du colonialisme masqués, déguisés (chevaux de Troie). La France a imposé une monnaie coloniale, nazie (CFA) qu'elle fabrique à Chamalière. Cela lui permet de contrôler et de vampiriser l'économie de ses enclos coloniaux (voir le Pacte colonial). Elle impose et maintient des dictateurs sanguinaires et génocidaires aux Africains qui l'aident à dominer, à contrôler, à piller cyniquement ses précarrés ou ses chasses gardées.

Tel est grossomodo le système qui constitue l'ancien ordre mondial. Quant au nouvel ordre mondial, il s'est annoncé et manifesté brusquement à tous par la plus grande terreur de nos jours dénommée la **covid-19.** Il est venu renforcer, accentuer et parachever l'esclavagisme, le colonialisme et le néocolonialisme. Il est le summum de l'impérialisme. Il vise à tuer tous les Africains, tous les Noirs, pour permettre aux Blancs satanistes et ultra-capitalistes d'occuper totalement et entièrement l'Afrique et de disposer de tous ses biens et de toutes ses richesses. Il vise à créer un paradis en Afrique, à transformer ce continent en eldorado en supprimant les Africains (une Afrique sans les Africains). Alors les bourreaux ont entrepris de stériliser les femmes noires et d'empoisonner tous les Africains par des vaccinations obligatoires et mortelles (eugénisme) en se servant du prétexte-mensonge d'une pandémie qu'ils ont dénommée la covid-19. Ils ont créé la covid-19 comme peur, panique, psychose et hystérie collectives à dessein et à cette fin macabre, diabolique, satanique. C'est leur instrument, leur arme impérialiste. La covid-19 est une guerre impérialiste hypocrite, sournoise, comme violence douce, psychologique ou arme silencieuse, invisible. C'est le plus grand danger au monde comme mensonge et complot impérialistes à but inavoué. La covid-19 est la plus grande folie dans l'histoire de l'humanité, la ruse suprême d'assujettissement et de massacre des peuples. Il est fondé sur la peur, l'arbitraire, le cynisme, l'injustice, la barbarie. C'est une arme qui sert à manipuler, à conditionner et à exploiter les peuples ("La guerre secrète contre les peuples" selon Claire Céverac) inventée par Big pharma, Le Club Bilderberg, Bill et Melinda Gates et compagnie. C'est un canular, une astuce, à but lucratif et hégémonique. Cette guerre impérialiste pour le profit d'un groupuscule de Blancs qui coiffe l'humanité a été déclarée officiellement par le Président français, M. Emmanuel Macron, en ces termes: " Nous sommes en guerre". C'est la troisième guerre mondiale. A qui profite cette troisième guerre mondiale et quels en sont les moyens et les armes? Elle profite à l'oligarchie capitaliste mondiale et aux impérialistes. Et elle se fait par le moyen de la science et de la technologie (la chimie, la physique, l'électronique, l'informatique, la biologie, la bactériologie, la microbiologie). Cette troisième guerre mondiale c'est l'installation d'un nouvel ordre mondial par certains Blancs et pour leurs intérêts capitalistes (**transhumanisme**). Elle consiste à dépeupler la terre (eugénisme), à imposer un gouvernement unique, tyrannique, oligarchique et satanique au monde, à transformer les humains en zombis, en robots. Il s'agit de supprimer maintenant 80 pour cent de la population mondiale et de contrôler très strictement les 20 pour cent qui vont survivre. Cela se fera grâce à l'implantation des puces électroniques dans le corps de tous les humains par le biais des vaccinations obligatoires. Une monnaie unique numérique sera imposée à toute la terre. Tout sera géré sur la terre par l' **intelligence artificielle**. Telle est l'oeuvre très grandiose à accomplir par les scientifiques, les mondialistes et les eugénistes occidentaux et leurs alliés dans le monde.

Nous demandons aux peuples africains de refuser cela en bloc. Les peuples africains doivent créer **leur propre nouvel ordre salutaire**. Ils sont tenus de le faire à présent ou de disparaître de la terre. Ils sont obligés de se battre à mort et de se défendre ou de disparaître. C'est une question de vie et de mort. Seule la lutte libératrice et la révolution en Afrique sauveront les Africains. Il s'agit pour les Africains d'aujourd'hui de se décoloniser, de conquérir leur indépendance véritable, leur souveraineté, leur autodétermination, leur autonomie, leur émancipation, leur désaliénation. Ce nouvel ordre africain salutaire s'appelle **l'Afrocratie**. Nous le baptisons ainsi. La pensée qui le crée se nomme **l'Afrocratisme**. Le nouvel ordre africain est l'oeuvre des **Afrocrates**, c'est-à-dire des Patriotes et des Conscients africains.

AVANT-PROPOS

Anthropologie, philosophie, ethnologie, sociologie, histoire, homme, société, culture, civilisation, linguistique, géographie, écologie, archéologie, psychologie. Que signifient ces notions? Quelles valeurs comportent-elles? Quel rapport historique, ontologique et conceptuel existe-t-il entre elles?

Dans son sens général, l'anthropologie est la science qui étudie l'humanité. Mais l'humanité n'est pas homogène. Elle est répartie et organisée en "races" ou, mieux, en "ethnies", en sociétés etc. Chaque ethnie ou peuple particulier possède sa culture et sa civilisation propres comportant science, philosophie, technique, art, religion etc..

L'étude des races constitue la biologie (ou zoologie humaine); l'étude des ethnies l'ethnologie; l'étude des faits sociaux (occidentaux) la sociologie. Donc l'anthropologie se décompose en plusieurs études particulières ayant pour objets: homme, race, ethnie, société, valeurs ou créations humaines... L'étude du langage est la linguistique; l'étude du passé humain l'histoire; l'étude du milieu humain et/ou naturel la géographie, l'écologie; l'étude des vestiges des sociétés et des civilisations disparues et très anciennes l'archéologie (égyptologie); l'étude des faits de conscience, des états d'âme, de la vie mentale, spirituelle et des conduites humaines la psychologie.

La sociologie est définie par son fondateur, Auguste Comte, et son disciple, Emile Durkheim, comme l'étude des faits de société. Mais cette étude en vérité se limite uniquement aux sociétés occidentales. En revanche, l'ethnologie étudie uniquement les peuples dits primitifs, barbares, sauvages (Africains, Asiatiques, Indiens...). Quant à la philosophie (métaphysique), elle étudie les valeurs abstraites considérées comme des absolus. La métaphysique étudie les choses immatérielles, c'est-à-dire les idées les plus générales et les plus abstraites conçues comme des choses en soi (Dieu, Etre, Monde, Homme, Liberté, Justice, Ame, Bonheur, Bien, Mal, Esprit, Matière etc.).

Mais ce qu'il ya de commun pour toutes ces disciplines, c'est leur hostilité foncière à l'égard des peuples non-occidentaux. Disciplines académiques s'inscrivant historiquement dans la tradition culturelle occidentale, anthropologie, philosophie, ethnologie, sociologie etc. se présentent comme des instruments de discrimination (raciale, culturelle, humaine), d'hégémonie et de conquête au service des Occidentaux. Elles sont toutes ethnocentriques, c'est-à-dire qu'elles partent de l'univers occidental et de ses valeurs pour définir, expliquer, connaître et comprendre toute l'humanité. Elles situent l'Occident au centre du monde (occidentalocentrisme) et considèrent ses valeurs comme la référence universelle. Elles cherchent à imposer toutes ses valeurs au monde entier (Impérialisme, Modernisation, Développement, Mondialisation). C'est ainsi que ces pseudo-sciences (études mensongères, racistes, impérialistes) jugent les autres peuples et leurs civilisations comme inférieurs aux peuples et aux civilisations occidentaux. Elles posent la civilisation blanche comme modèle, référence, canon ou étalon de mesure et d'appréciation universels, comme ce qui donne sens et valeur à toutes les autres civilisations et à l'humanité entière. A partir de ce moment là, l'Occident se prend pour modèle achevé ou perfection absolue. C'est de l'élitisme, du manichéisme, du racisme et du narcissisme collectifs délirants.

Ainsi les Occidentaux se veulent les maîtres absolus du monde et de l'humanité (les dieux). C'est pourquoi l'Occident se permet de diffuser ou de "partager" sa "Lumière", c'est-à-dire "sa" philosophie, "sa" science, "sa" technologie, "sa" religion, "son" art etc. aux autres peuples qu'il considère comme en retard, sous-développés, affamés, malades, ignorants, enfants, pauvres attendant **tout** de lui (nourriture, soins divers, Raison, savoir, argent...). Ainsi l'objectif commun des sciences humaines et sociales apparaît la promotion, la propagande, l'exaltation morbide ou la valorisation raciste et hégémonique de l'homme blanc, de sa culture et de sa civilisation. En effet, les spécialistes de ces disciplines cherchent toujours à établir la supériorité de l'Occident et, finalement, ils ont inventé une pseudo-supériorité des Blancs en créant ainsi le mythe de l'infériorité des peuples non-occidentaux dans le but d'asseoir, de justifier et de légitimer la domination barbare des Occidentaux sur le reste du monde.

En général, ce qui caractérise les philosophes et les savants occidentaux, c'est leur volonté de créer et de propager des idéologies ethnocentriques, racistes, impérialistes et esclavagistes contre les peuples non-occidentaux. Ainsi le triomphalisme humaniste et l'anthropocentrisme philosophique du grec Protagoras ("l'homme est la mesure de toute chose") ne sont, en fin de compte, que l'occidentalocentrisme ou européocentrisme: attitude consistant à magnifier et à surévaluer de manière injuste, malhonnête et arbitraire le Blanc et sa civilisation. Alors que doivent faire les Africains actuels qui veulent philosopher et penser scientifiquement?

Philosophie, histoire et société africaine

L'enseignement et la pratique philosophico-scientifiques en Afrique devraient prendre en compte la situation culturelle des sociétés africaines. Le philosophe en Afrique devrait s'interroger sur le sens et sur la valeur de l'action et de la pensée africaines (généalogie à la Nietzsche de l'histoire et de la culture africaines). En effet, notre histoire, nos coutumes, notre civilisation et notre culture ont été par trop dénigrées, méprisées, bafouées et condamnées par les théoriciens occidentaux (Hegel, Kant, Gobineau, Levy-Bruhl...). Ces penseurs racistes, colonialistes et impérialistes nous ont créé une histoire mensongère, des habitudes de penser et une civilisation européocentriques ou occidentalocentriques. Cela, naturellement, a provoqué l'aliénation culturelle et psychologique, l'esclavage, la colonisation, le mépris et la ségrégation des Noirs. Donc philosopher aujourd'ui en Afrique sur la situation ainsi créée causant la misère et des malheurs tous azimuts des Noirs n'est pas une frivolité ni un luxe anti-académique. Bien au contraire. Cela constitue, à nos yeux, un impératif absolu, voire une nécessité vitale. Il s'agit, en effet, de chercher les voies du bonheur, du salut, de la libération et de la dignité comme valeurs fondamentales et biens suprêmes de l'humanité noire.

Les Négro-Africains, qui se définissent encore, hélas, par l'Occident dominateur posé comme leur modèle, leur référence, comme l'étalon universel d'humanité et de civilisation, ont besoin, pensons-nous, d'une science et d'une littérature de redemption, de salut ou d'une philosophie de progrès. C'est ce besoin qui explique et justifie, à notre sens, les théories de la Négritude, du Rastafarisme, de l'Authenticité zaïroise, du Consciencisme, du Panafricanisme et de l'**Afrocratisme**. Le développement social et humain doit être pensé philosophiquement, scientifiquement et de façon globale, c'est-à-dire en prenant en compte tous les fondements de l'homme et de la société. Ces fondements sont, grosso modo, la culture et la civilisation. Nous essayerons de montrer les relations que la philosophie entretient avec les notions de culture et de civilisation. Il s'agit d'une relation dialectique. Autrement dit, nous montrerons, d'une part, le rôle que la philosophie a joué dans l'histoire (philosophie comme moteur de l'histoire, pensée créatrice, civilisatrice, facteur et volonté de progrès) et, d'autre part, nous définirons le sens ou la valeur de la philosophie dans la société africaine actuelle (généalogie à la Nietzsche). Pour entamer l'analyse, demandons-nous d'abord ce que signifient culture et civilisation, dans l'entendement des Occidentaux.

La culture de l'homme (qui n'est pas l'agriculture, la culture de la terre) signifie l'édification de l'esprit. C'est le développement de l'esprit humain, la création des valeurs, des richesses humaines et intellectuelles. Cultiver l'homme, c'est l'imprégner des valeurs socio-humaines, lui inculquer les acquis de la société, ce que l'on appelle (par le terme collectif de) civilisation. En d'autres termes, c'est l'éduquer et l'intégrer à la communauté humaine en élaborant sa personnalité morale, sociale, psychologique et intellectuelle. La culture est connaissance et cultiver, c'est instruire et former un esprit ou une intelligence. On parle de la culture philosophique, scientifique ou technique d'une personne. C'est en ce sens là. Mais la civilisation, c'est la somme des inventions, des créations, des découvertes et institutions d'un peuple ou d'une société donnée. Ainsi on parle de la brillante civilisation chinoise, égyptienne et indienne.

En effet, dans la mesure où les inventions, les créations et les découvertes (civilisation) sont des produits de l'intelligence, de la pensée réfléchie et consciente, la culture est le facteur, la cause ou l'origine de la civilisation. Autrement dit, la culture fonde et constitue l'ensemble de nos valeurs, de nos biens et richesses socio-humaines. Culture et civilisation sont deux notions corollaires et correlatives. Car nos manières d'être, d'exister, de vivre et d'agir (ce qu'on nomme civilisation) impliquent et présupposent nos manières de penser, de raisonner, de comprendre, c'est-à-dire notre connaissance, notre savoir ou culture. Il ya donc là une relation dialectique. Cela veut dire que tout homme est à la fois cultivé, c'est-à-dire porteur de connaissances nécessaires et suffisantes à sa vie, et civilisé. En réalité, il n'ya pas d'hommes ni de peuples incultes, ignorants et non- civilisés. L'intelligence se développe chez tout homme par l'éducation qui permet d'acquérir et d'assimiler les connaissances utiles et nécessaires à l'existence. Et des qualités comme curiosité, bon goût, esprit critique, langage, intelligence, sensibilité, mémoire et ambition entrent nécessairement dans les caractères de tout être éduqué, cultivé et civilisé. C'est ainsi que l'homme devient rénovateur, révolutionnaire, perfectionniste et idéaliste. Ces qualités font de l'homme un créateur qui veut faire progresser sa société, sa civilisation, sa culture. C'est ainsi également que nous devenons techniciens, scientifiques, artistes, religieux, politiques, moralistes, juristes, économistes, philosophes...

L'homme est un rêveur perpétuel, un être qui désire à tout moment du nouveau et du mieux. C'est en cela qu'il est philosophe, cest-à-dire progressiste, idéaliste, surhumaniste. Son activité d'homme surhumaniste ou idéaliste dépend de sa nature et de sa base socio-culturelles, c'est-à-dire la culture et la civilisation qu'il a reçues de par son éducation. Mais c'est contre elles, justement, qu'il va exercer son esprit critique, perfectionniste et progressiste. Le philosophe, qui est un produit de la culture et de la civilisation, va tenter de créer d'autres cultures et d'autres civilisations possibles. Autrement dit, il concevra d'autres valeurs sociales, culturelles et humaines (l'avenir), il agira en juge, en législateur et décrétera la norme du bien, du vrai, du juste, du beau. A dire bref, la vérité pure, la justice pure, la beauté pure, le bien pur, le bonheur pur, la liberté pure etc. (voir Socrate, Marx, Nietzsche, Rousseau, Descartes, Bouddha, Confucius, Lao-Tseu...). C'est ce désir ou cette soif implacable du mieux, de l'idéal, qui rend le philosophe "bizarre" ou exigeant aux yeux de l'homme ordinaire. Ainsi le philosophe devient **révolutionnaire**. Cela signifie qu'il cherche à améliorer, à corriger et à perfectionner les valeurs, les choses et le monde. Il est à la fois comme un médecin, un prophète, un génie et un héros.

Ainsi Descartes a fondé le nouvel esprit scientifique (**Discours de la méthode**), en inventant une méthode basée sur le doute, l'esprit critique, l'analyse etc.. Socrate et Platon ont moralisé les Grecs et leur pratique socio-politique (voir **La République** de Platon). Nietzsche a créé la morale du **surhomme** pour combattre le nihilisme et la décadence de la civilisation européenne moderne (voir **Ainsi parlait Zarathoustra**). Karl Marx a préconisé la justice en faveur du prolétariat et la société communiste (voir **Le Manifeste du parti communiste** et **Le Capital**). Le philosophe renverse donc le monde du commun des hommes. Il est iconoclaste et frondeur. Il "se pose en s'opposant", selon l'expression juste de Hegel. Il n'a pas les pieds sur terre, dit-on couramment. Mais il est, en réalité, l'homme de son temps. C'est un "fou" utile, un homme de bien ou un danger public. On peut voir en lui l'être qu'on veut voir. Tout dépend de la personne qui juge. Tout dépend de la situation, de la classe, des valeurs et des intérêts de ses juges. Mais, habituellement, le jugement ou procès contre le philosophe est très sévère, très méchant et débouche sur la violence suprême, sur une condamnation à mort. Les exemples de philosophes martyrisés ou persécutés au cours de l'histoire ne se comptent plus. Ainsi Socrate, Cicéron, Thomas More, Sénèque, Rousseau, Karl Marx, Confucius, Mahatma Gandhi, Kwame Nkrumah...

Au lieu d'être aimé, respecté et considéré comme un agent de progrès, de salut et de bonheur, le philosophe est, au contraire, très souvent considéré comme un danger, un ennemi de la société, un paria, un homme à bannir. En effet, il apparaît très gênant pour les peuples, les pouvoirs politiques et religieux, qui sont conservateurs, intolérants et dogmatiques. Mais c'est en vérité un bâtisseur de l'histoire, de la civilisation et de la société universelles. Le philosophe est à l'origine des valeurs essentielles de la civilisation. C'est un créateur et promoteur des Droits de l'Homme. On lui doit, par exemple, les théories ou les doctrines du libéralisme, du socialisme, du communisme et de la démocratie qui règnent sur le monde actuel. La philosophie, qui signifie étymologiquement la recherche ou l'amour de la sagesse, n'est-elle pas alors un préalable à toute politique de développement socio-historique, de décolonisation, de conquête et de revendication de la justice, de la dignité, de la liberté et du bonheur des peuples? Voyons quelques exemples sur le plan africain. Les auteurs du "Consciencisme", du "Panafricanisme" et de la "Négritude" n'ont-ils pas joué un rôle déterminant dans la lutte pour le salut de l'Afrique? Des idéologues noirs ou Africains comme Nkrumah, Senghore, Aimé Cesaire et Frantz Fanon ont dénoncé, stigmatisé l'état de crise et les contradictions que connaît la société africaine, victime de la colonisation, de l'impérialisme, de l'esclavage et de l'exploitation de l'homme par l'homme. Ainsi ils ont conscientisé le monde et contribué à la libération et à la désaliénation des peuples noirs et africains. Mais ce combat n'est pas terminé. Il est à continuer par les générations présentes et à venir. Il faut, et il faudra toujours, des combattants plus vaillants, plus honnêtes, des martyrs pour résoudre les crises multiples caractérisées par les affrontements entre civilisations, par les conflits entre l'Afrique et l'Occident. Ainsi la problématique générale et la thématique de la philosophie de la destinée africaine sont axées sur la lutte idéologico-politique et culturelle. Cette lutte doit viser la démystification totale et la dissuasion de l'Occident impérialiste, néocolonialiste, raciste et de ses agents et complices africains (intellectuels officiels).

Ce combat a pour objectifs l'indépendance réelle, l'autonomie absolue, la désaliénation psychologique, la libération culturelle et la souveraineté des Etats africains, leur union, progrès, prospérité et paix. En effet, la philosophie joue un rôle multiple. Mais, grosso modo, elle est une arme idéologique et culturelle permettant la conscientisation et la mobilisation populaire en vue du combat de la coexistence pacifique, salutaire, heureuse et du progrès général de l'humanité.

I. LES AUTRES PHILOSOPHIES DE LA DESTINÉE AFRICAINE

La vraie philosophie est loin d'être une évasion hors du réel. Bien au contraire, elle regarde en face la réalité quotidienne, elle l'analyse le plus objectivement possible et la juge du point de vue de la vérité et de la rationalité. C'est pourquoi le philosophe authentique est indispensable à toute société qui cherche à se construire. Ainsi Descartes n'hésite pas à déclarer que "les nations" sont d'autant plus florissantes qu'elles possèdent de vrais philosophes.

Azombo-Menda- **Précis de philosophie pour l'Afrique**, Fernand Nathan, 1981, p. 20.

A. LA NÉGRITUDE

C'est un mouvement littéraire, culturel et philosophique ayant pour sujet central ou essentiel l'homme noir avec sa culture, sa civilisation, sa vie, ses pensées, son savoir, son savoir-faire, son savoir-être. Ses fondateurs et promoteurs sont des intellectuels noirs. Les plus célèbres sont Aimé Césaire, Léopold Sédar Senghor, Léon G. Damas...

B. LE PANAFRICANISME-PANNÉGRISME

C'est un courant politique et moral qui a pour ambition la libération de tous les Noirs esclavagisés, opprimés, colonisés, dominés par les Blancs et leur rassemblement sur le continent africain. Le panafricanisme vise la décolonisation totale et l'unification des Etats africains en une fédération socialiste afin de promouvoir la dignité, le bonheur, la prospérité, la puissance et la grandeur des Noirs. Les principaux auteurs du panafricanisme-pannégrisme sont: W.E. Burghardt du Bois, Marcus Garvey, George Padmore, Kwame Nkrumah...

C. LE RASTAFARISME

C'est un mouvement mystico-religieux, social, politique et éthique visant la conscientisation et la mobilisation de tous les Noirs opprimés, esclavagisés et dominés par les Blancs racistes, puissants et riches. Le rastafarisme en appelle à la dissidence, à la rébellion et à la conquête de la liberté. Le Dieu des Rastafariens est symbolisé concrètement par l'empereur d'Ethiopie Haïlé Sélassié, dont le vrai nom est Rastafari. Fondé et pratiqué massivement par les chômeurs et les déshérités des ghettos de Kington, en Jamaïque, le Rastafarisme constitue une philosophie d'union, d'amour, de paix et d'harmonie pour tous les humains. C'est un eudémonisme pacificateur du monde entier. Le prophète Garvey voulait le rassemblement de tous les Noirs de la diaspora et leur retour en Afrique, sur le sol de leurs ancêtres, afin qu'ils renouent avec leurs racines et retrouvent leur identité authentique, une vision meilleure, pure et saine (pannégrisme).

Le rastafarisme veut également remplacer les Blancs par les Noirs dans la direction du monde puisque, selon lui, les Blancs courent à la catastrophe et ont une conduite démoniaque. Le monde blanc est en décadence. Il ne peut donc servir de modèle à l'humanité. Les défenseurs et vulgarisateurs jamaïcains les plus célèbres du rastafarisme sont les musiciens Bob Marley et Burning Spear.

D. LE CONSCIENCISME

C'est une philosophie et une idéologie pour la décolonisation et le développement de l'Afrique. Selon son auteur, le philosophe Kwame Nkrumah, la matière existe indépendamment de sa connaissance par l'esprit et constitue la réalité première, dynamique. La matière engendre l'esprit par une conversion brusque et violente (la transformation dialectique). Pour Nkrumah, la matière est un faisceau de forces opposées, doué d'un mouvement libre. Nkrumah identifie la nature humaine à la matière. Le consciencisme aboutit ainsi à un monisme matérialiste qui dit que tout est de la matière, y compris l'esprit. Le principe moral du consciencisme commande de traiter chaque être humain comme une fin en soi et non comme un moyen. D'où kwame Nkrumah exige l'abolition de l'exploitation et de l'assujettissement de l'homme par l'homme. Cela interdit le colonialisme, l'impérialisme, l'esclavage, la discrimination raciale.

"Le consciencisme est, dit Nkrumah, l'ensemble, en termes intellectuels, de l'organisation des forces qui permettront à la société africaine d'assimiler les éléments occidentaux, musulmans et euro-chrétiens présents en Afrique et de les transformer de façon qu'ils s'insèrent dans la personnalité africaine (…). La philosophie appelée "Consciencisme" est celle, qui partant de l'état actuel de la conscience africaine, indique par quelle voie le progrès sera tiré du conflit qui agite actuellement cette conscience". Pour Nkrumah, la société africaine comprend une fraction fidèle à notre genre de vie traditionnelle, une fraction représentant la tradition musulmane et une fraction la tradition chrétienne et la culture de l'Europe occidentale. Le consciencisme se veut le facteur de la liberté politique (souveraineté) et de l'harmonie (paix) coexistentielle entre les trois fractions de l'Afrique précitées.

E. L'AUTHENTICITÉ

C'est la doctrine politique du Président zaïrois, Mobutu Sese Seko. Selon cette doctrine, il faut recourir à ses sources propres, rechercher les valeurs de ses ancêtres, afin d'en apprécier celles qui peuvent contribuer au développement harmonieux et naturel de la société africaine postcoloniale. C'est la prise de conscience qui consiste en un refus d'épouser aveuglement les idéologies étrangères. C'est une philosophie qui veut que l'on puise dans les valeurs socio-culturelles ancestrales, ou que l'on opère parmi celles-ci un tri (jugement de valeur) pour ne retenir que les valeurs compatibles avec les impératifs modernes du développement. Il s'agit d'une politique de recours aux sources socio-culturelles africaines.

En fait, Senghor (Négritude), Nkrumah (panafricanisme et consciencisme) et Mobutu Sese Seko (authenticité) sont des défenseurs du modernisme et d'un pragmatisme revendiquant le métissage des cultures africaines et occidentales qui leur a été profitable. Ils ont été des républicains et Présidents de leurs Républiques. Cette attitude les oppose à l'Afrocratisme qui est une doctrine radicale et extrémiste. L'Afrocratisme exclut tout compromis entre les cultures occidentales et les cultures africaines: refus du métissage.

II. L'AFROCRATISME

"Si nous voulons bâtir une nation indépendante, une nation forte, nous devons prêter oreille aux chants de nos frères de sang, quand ils chantent leur histoire, quand ils content leurs traditions, quand ils rapportent les événements merveilleux et mystérieux de leur vie ethnique et nationale, quand ils décrivent la perfection de ce que nous appelons leurs "superstitions". Nous devons prêter une oreille attentive aux Kroumen, aux pesseh et aux Golah qui labourent nos champs. Nous devons lire les oeuvres, si difficiles qu'elles nous paraissent, des Mandingues et des Vai".

W. Blyden

PROBLÉMATIQUE

L'Afrocratisme est une réflexion critique sur la modernité et la destinée négro-africaines. Qu'est-ce que la modernité négro-africaine? C'est un ensemble de faits, de comportements, d'institutions, d'idées et de sentiments. C'est l'ensemble des manières de penser, d'agir et de vivre qui constituent des cultures et/ou civilisations très complexes et hétéroclites. La modernité africaine nous intrigue et nous angoisse, à plus d'un titre, par son caractère ambigu suscitant ainsi de multiple interrogations et débats contradictoires sur le sort actuel et futur des Africains. Ces débats débouchent soit sur des propositions visant l'organisation socio-politique soit sur des conceptions du monde et de la vie (idéologies-philosophies). La modernité et la destinée négro-africaines sont donc l'objet des recherches philosophiques qui visent à conscientiser les Africains et à réorienter leurs actions politiques, économiques, sociales, culturelles et spirituelles. Dans les débats sur la modernité et la destinée africaines, l'on conçoit des projets et des modèles théoriques de société et d'humanité.

Voici les questions qui préoccupent les philosophes de la modernité et de la destinée négro-africaines: on se demande tout d'abord si l'Africain moderne, celui de l'époque dite postcoloniale (paysans illettrés comme intellectuels officiels), est heureux, libre, en paix et digne. A cela on répond généralement par non. Les penseurs africains de la modernité sont plus ou moins d'accord à condamner le Postcolonialisme qui est synonyme de Néocolonialisme, de sous-développement, de violence, de malheur, de souffrances, d'injustice, de misère de la majorité, d'oppression économique, sociale, culturelle et politique. Cela entraîne la seconde question. Face à toutes les violences et à tous les malheurs accablants, faut-il rester passif, résigné ou bien faut-il agir, réagir, lutter pour changer le sort des Africains? Ici, les penseurs sont unanimes sur un point: il convient de faire quelque chose pour améliorer la situation des Africains. La question suivante porte sur les voies, les stratégies et les méthodes à employer: on se demande quelles sont les conditions idéales du changement du sort africain, quel type de changement est souhaitable. Réforme ou révolution? La plupart des penseurs sont pour la réforme, c'est-à-dire un changement pacifique (dans la continuité) à leur avantage intellectocratique, celui qui menage et sauvegarde leurs intérêts. Ce qu'ils veulent changer ou combattre, c'est le désir de changement réel, ce sont les tendances et la volonté révolutionnaires marquées par les actions et les idées radicales des paysans-villageois, lesquelles sont bien légitimes. Ce qui est donc réellement combattu en Afrique par les penseurs officiels, c'est la liberté, la paix, la sécurité, la prospérité, le bien-être, le bonheur et l'indépendance des paysans-villageois dans le but de pérenniser la domination, le règne illégitime et tyrannique des intellectuels officiels. Ainsi on a vu naître chez nous une intellectocratie stable, forte, hypocrite, cupide, impitoyable, occidentalocentrique. C'est en ce sens que l'on accuse injustement les coutumes ou traditions villageoises d'être responsables des malheurs, du sous-développement et du contre-développement africains. On dit qu'elles sont les causes du mauvais état actuel des choses. Les intellectuels officiels jugent et condamnent injustement les broussards, les analphabètes, ou illettrés, à leur profit. Ils sont à la fois juge et partie. Ils ont monopolisé et confisqué la parole en réduisant leurs "ennemis" au silence. Mais, en fait, qui est véritablement responsable de la décadence africaine? N'est-ce pas eux les intellectuels européocentristes et leurs actions modernisantes, c'est-à-dire occidentalisantes? N'est-ce pas le modernisme et l'occidentalocentrisme de ces derniers? Qui donc doit diriger désormais l'Afrique? Paysans illettrés ou citadins intellectuels? Qui doit, légitimement et raisonnablement, diriger qui? Et vers quoi? Comment réorganiser et rénover les sociétés africaines? Sur quelles bases politiques, philosophiques, éthiques, religieuses? Selon quelle vision ou conception du monde, de l'homme et de la société? Quel type de société et quelle forme de vie sont-ils désirables? Occidentaux ou africains? Précoloniaux-villageois ou urbains à l'européenne?

DÉFINITION ET ANALYSE DU NÉOLOGISME D'AFROCRATISME

Le terme Afrocratisme est composé de trois éléments:

"Afro" = Africa = Afrique

"Crat" = "kratos" (mot grec) qui veut dire autorité, pouvoir, puissance; vient de "kratein" (verbe grec) qui signifie commander, gouverner, diriger.

"isme" = doctrine, enseignement, théorie, pensée.

L'Afrocratisme signifie littéralement la doctrine du gouvernement de l'Afrique. En fait, c'est la théorie selon laquelle les Africains doivent se commander eux-mêmes, c'est-à-dire se libérer de la domination étrangère. C'est donc une théorie anti-colonialiste, anti-esclavagiste, anti-européocentriste, anti-impérialiste, anti-occidentalocentriste. Compte tenu du lien très étroit existant entre l'impérialisme, le colonialisme, l'esclavagisme, le racisme, l'européocentrisme et le modernisme, l'Afrocratisme se veut donc la critique du modernisme. Notre anti-modernisme veut dénoncer le mal-fondé, les mensonges et l'immoralité de tous les systèmes de pensées européocentriques qui préconisent l'extension arbitraire et violente des valeurs occidentales au monde noir. Contre le modernisme ou européocentrisme, l'Afrocratisme revendique l'indépendance totale et la libération des Africains. Il préconise la révolution culturelle en Afrique, c'est-à-dire la décolonisation absolue. Ainsi l'Afrocratisme défend la culture et la civilisation africaines villageoises. Nous voulons que celles-ci triomphent de la culture et de la civilisation occidentales en vogue en Afrique. L'Afrocrate (partisan de l'Afrocratisme) doit donc étudier, connaître parfaitement le contenu et la valeur exacte des cultures et des civilisations négro-africaines dans lesquelles il est appelé à vivre. Il fonde sa joie de vivre et sa dignité sur la reconquête de son originalité et de son indépendence culturelles et civilisationnelles. En celles-là, il voit la cause et/ou le moyen par excellence de son salut et de son bonheur. Cette reconquête consiste dans l'abolition de sa domination, de son exploitation et de son aliénation. Ainsi l'Afrocrate doit s'opposer (dire NON) au mimétisme et à l'exotisme aliénants qui sont préconisés par le modernisme et la mondialisation macabres, effets directs de l'européocentrisme-occidentalocentrisme.

LE MODERNISME: SES CARACTERISTIQUES GENERALES

Le modernisme est le système complet de pensées (idéologie) et de comportements violents des Occidentaux (à caractère politique, économique, moral, social, spirituel, culturel...) nourri par la passion de domination, d'aliénation, d'exploitation et de destruction. C'est le mal et la violence suprêmes. C'est également la folie qui s'exprime par la volonté malsaine de maintenir l'humanité entière dans la culture et la civilisation occidentales toxiques et d'inciter tous les peuples à la pratique de l'occidentalisme par une propagande et une violence habiles. C'est de l'impérialisme. C'est la manifestation de la volonté de puissance et de la tyrannie de l'homme blanc ou occidental par diverses manières et méthodes hypocrites, astucieuses et subtiles. Le modernisme, c'est la tendance à l'européanisation, à l'américanisation ou à l'occidentalisation absolues du monde. Il est la conséquence de l'européocentrisme, de l'américanocentrisme et de l'occidentalocentrisme. Il consiste à détourner tous les peuples de leurs valeurs propres et à faire en sorte qu'ils renient et méprisent absolument eux-mêmes leurs cultures et leurs civilisations propres au profit de celles de l'Occident posées comme meilleures ou supérieures, comme plus utiles, plus efficaces, voire indispensables à tout le genre humain. Dans cette perspective occidentalocentrique, le bloc occidental est vu comme le CENTRE du monde, comme le canon, l'étalon de mesure, le modèle achevé du monde, c'est-à-dire le lieu de référence de toute pensée et de toute action humaines. Une telle attitude mentale, on le sait bien, n'a pas manqué d'engendrer le colonialisme, le racisme, l'esclavagisme, hier, et le modernisme-mondialisation aujourd'hui. Celui-ci considère le développement technico-scientifique ou industrialisation comme le critère idéal d'un degré supérieur d'humanité, de civilisation, de progrès et comme le facteur exclusif du bonheur (enrichissement matériel, luxe, "argentolâtrie", "argentocratie"). Mais, en vérité, l'industrialisation de la terre fournit surtout aux Occidentaux les moyens nécessaires de la conquête, de la domination et de l'exploitation des pays non-occidentaux. Cela consiste aussi à détruire, à piller, à gaspiller et à épuiser toutes les richesses naturelles et matérielles du monde et à empoisonner la terre, l'univers et tous leurs habitants. Le sommet mondial sur la terre tenu en septembre 2002 à Johannesburg a permis de faire ce triste constat. Il a tiré la sonnette d'alarme et invité les Blancs à renoncer à leur mode de vie, à leur civilisation industrielle toxique. Des réparations leur sont exigées par leurs victimes. Mais ils font toujours la sourde oreille. Eux qui sont les gendarmes de la terre, les donneurs de leçons de morale, de politique, de philosophie sur les Droits de l'Homme, la démocratie, le bonheur, la paix, la liberté, la justice...

D'autres facteurs, et non des moindres, contribuent également à rendre les Occidentaux "maîtres" et "possessseurs" nuisibles de la planète-terre. Ce sont les institutions comme l'école, les langues occidentales et la religion judéo-chrétienne. Ces institutions cardinales diffusent les valeurs socio-culturelles occidentales à travers le monde. Elles montrent les différences entre les cultures, les civilisations, les peuples et les races humaines. Mais ces différences sont interprétées malhonnêtement et dangereusement comme principes d'inégalité et d'hiérarchie entre les peuples, les races, les civilisations et les cultures. Ainsi le modernisme occidentalocentrique incite au mépris absolu du Noir et à la haine meurtrière contre ce dernier considéré comme un être différent du Blanc, aux plans biologique, culturel et physiologique. La différence biologico-culturelle entre Noirs et Blancs est perçue par le Blanc comme la marque parfaite ou la preuve maîtresse (ad hominem) de la faiblesse et de l'infériorité légendaires du Noir créées par l'Occident. Ce à quoi les Noirs modernistes croient par naïveté ou par intérêt (corruption). En attribuant la faiblesse et l'infériorité au Noir (racisme-hégémonisme), le Blanc se donne le droit absolu à la domination, à la colonisation et à l'asservissement de l'homme noir.

Le modernisme est à la fois une violence superstructurelle, infrastructurelle, institutionnelle, psychologique, politique, sociale, culturelle, économique et spirituelle. L'humiliation, le mépris et l'infériorisation du Noir par le Blanc ont pour but l'exploitation et le pillage des richesses africaines. L'esclavage ou la traite des Noirs, l'Apartheid, le colonialisme, le néocolonialisme sont des activités très lucratives. L'économie capitalistique introduite en Afrique n'est qu'un esclavage raffiné, déguisé, modernisé, qui nourrit et entretient l'Occident. C'est la cause secrète de la prospérité et de la croissance économique (ou développement quantitatif) occidentale. L'Occident mondialisateur, impérialiste, colonialiste et capitaliste n'est, avant tout, qu'un marchand d'esclaves et de matières premières. Il est avide de fortune, de luxe, d'abondance et de prospérité qu'il vole en Afrique et ailleurs. Mais au sein de la société africaine, la pratique du modernisme est une lutte de classes et/ou de groupes. Il s'agit d'une lutte entre les intellectuels officiels (relayant les Blancs) et la masse paysanne analphabète. Les intellectuels officiels ou citadins se considèrent comme des hommes modernes et jugent les villageois comme des êtres traditionnnels, archaïsants. A leurs yeux donc, les valeurs modernes, urbaines, occidentales, sont supérieures aux valeurs villageoises, africaines, actuelles. La "Tradition africaine" (mythe raciste, impérialiste et occidentalocentrique) représente ainsi l'ensemble des comportements villageois, africains, actuels, jugés désuets, honteux et bannis du monde blanc dit moderne: langues vernaculaires ou dialectes, vêtements, nourritures, logements, artisanat, religions, visions du monde, savoirs, arts, royauté, mode de production économique (agriculture d'autosubsistance, pêche, chasse), régime matrimonial (polygamie), règles coutumières de la succession au pouvoir, excision des femmes etc.

La Tradition africaine (créée de toutes pièces par les modernistes) est un concept très péjoratif, très méprisant. Il traduit, en effet, tout ce qui est ridicule, détestable et condamnable. Il signifie sauvagerie, barbarie, misère, souffrance, mal. Ainsi l'opposition Tradition-Modernité montre que tous les Africains ne sont pas égaux en droits ni en dignité. Elle prouve également que le modernisme n'est qu'un élitisme, un manichéisme, un hégémonisme et du racisme déguisés car l'intelligentsia, qui se réclame de la modernité qu'elle considère comme sa vertu, son identité et son monopole absolu, gouverne **seule** toute l'Afrique post-coloniale et détient **l'exclusivité** de l'action politique. Nos rois et empereurs d'antan n'ont-ils pas disparu avec l'avènement des systèmes politiques modernes tout autoritaires et triomphants, c'est-à-dire les soi-disantes républiques dirigées par des Présidents et Premiers Ministres (despotisme obscur selon Edem Kodjo in **Et Demain l'Afrique**)? Dans ces systèmes dits modernes et tout despotiques, les paysans sont devenus "corvéables et taillables à merci", comme l'étaient jadis les serfs sous le régime féodal européen.

La modernisation officielle de l'Afrique peut, de cette manière, aboutir à un génocide à l'échelle continentale, pourvu que les paysans refusent, un jour, de se soumettre aux intellectuels officiels qui les pillent, les spolient, les trahissent et les tyrannisent. Le village nourrit et enrichit la ville. Et de surcroît il lui obéit. La ville exploite et commande le village. Mais, comme l'a dit Jean-Jacques Rousseau, "Le plus fort n'est jamais assez fort pour être toujours le maître, s'il ne transforme sa force en droit et l'obéissance en devoir" (Voir **Du Contrat Social**, Garnier-Flammarion, Paris, 1966, p. 44). Cette lutte sera gagnée par les paysans s'ils sont unis, solidaires, conscients de leur force, de leur responsabilité collective et de leur rôle ou mission historique. En effet, c'est eux qui conservent notre patrimoine culturel. Et c'est à eux qu'incombe la noble et lourde charge de libérer l'Afrique de l'occupation, de la domination et de l'exploitation étrangères. C'est eux qui sont exploités et dominés. Leur rôle historique et leur responsabilité prospective doivent consister à lutter contre l'aliénation, la dépendance, l'injustice, l'arbitraire, la tyrannie, l'occidentalocentrisme pour retrouver la dignité, la paix, la liberté, leur place et leur pouvoir d'antan, leur honneur et leur bonheur et ceux de leurs fils, petits-fils et arrière-petits-fils. Ils devront s'opposer à l'occidentalisation et à la modernisation forcenées de leurs villages, de leurs pays et de leur civilisation. Ils devront arrêter toutes les actions suicidaires consistant dans la coopération volontaire avec les despotes modernistes et leurs bourreaux, revendiquer et restaurer tous les droits du Négro-Africain de l'époque précoloniale perdus.

Le modernisme est une violence à multiple facettes

MENSONGE

Les Africains modernistes pensent d'une manière fausse et trompeuse. Ils soutiennent que les civilisations et les cultures négro-africaines sont sans valeur, sans intérêt, que les Noirs ont besoin de la civiliastion et de la cultutre occidentales pour être des hommes dignes, heureux et parfaits. C'est un gros mensonge (mythocratie).

IMPERIALISME

Le modernisme est l'invasion tyrannique, l'occupation de force, la domination et l'exploitation sauvage de l'Afrique par les Blancs. C'est la guerre livrée à nos valeurs et à nos institutions socio-humaines par l'Occident.

INTELLECTOCRATIE

C'est le gouvernement de manière absolue, anti-démocratique et tyrannique ou barbare des peuples africains par l'intelligentsia moderniste et occidentalocentriste. C'est du terrorisme et du banditisme. C'est un règne de barbares et de despotes. C'est de la discrimination intellectuelle, culturelle et civilisationnelle. C'est de la négrophobie, du néocolonialisme et de l'impérialisme-esclavagisme (mafia).

IGNORANCE ET MEPRIS

Les modernistes sont des ignorants qui méprisent nos valeurs et nos civilisations et qui insultent l'Afrique sans raison. Ils sont négrophobes. Ils sont ségrégationistes, racistes.

INSULTES

Les modernistes sont bêtement orgueilleux et insultants. Ils déconsidèrent, bafouent et frustrent constamment les paysans-villageois. Ils constituent une menace très grave contre la dignité et le bonheur de la paysannerie qui défend ses valeurs noires.

CRISE

Le modernisme est une crise généralisée: morale, sociale, économique, politique, culturelle, spirituelle. Il se manifeste par l'anarchie, la barbarie, les maladies, la sauvagerie, la souffrance, la misère, la mort (guerres, génocides, terrorisme, rébellions armées, violence, cynisme, sadisme, criminalité, impunité).

DISCRIMINATION CULTURELLE, CIVILISATIONNELLE

Le modernisme, c'est l'imposition d'un système global au monde comprenant le développement comme modernisation, occidentalisation, assimilation, mimétisme. C'est l'aliénation, l'auto-suppression.

VOL ET KLEPTOCRATIE

Les modernistes intellectocrates forment la classe qui gouverne en pillant, détournant ou volant toutes les richesses de son pays, qu'elle gaspille au profit de l'Occident à travers ses actions de consommation ostentatoire des produits luxueux occidentaux.

L'AFROCRATISME

A. CONSIDÉRATIONS GÉNERALES

L'Afrocratisme est, nous l'avons déjà dit, une philosophie anti-moderniste. Elle enseigne donc comment et sur quelles bases idéologiques, culturelles, civilisationnelles, les Africains (intellectuels officiels) devraient et/ou doivent vivre et se gouverner. C'est une philosophie qui est née de l'étude positive ou scientifique de la situation de l'Afrique dite moderne. Et elle s'interroge sur la destinée présente et future des Négro-Africains qui sont engagés dans les rapports de force entre races, civilisations, cultures, idéologies, sociétés, Etats et continents.

Mais qu'est-ce qui caractérise essentiellement la philosophie en général? La philosophie est une figure de pensée qui se veut rationnelle et rigoureuse. Mais la science également est une figure de pensée rationnelle et rigoureuse (physique, chimie, biologie...). La philosophie n'a donc pas le monopole de la rationalité ni de la rigueur intellectuelle. Où est donc la spécificité, la particularité ou la singularité essentielle de la philosophie? Qu'est-ce qui permet de bien définir, concevoir et reconnaître la philosophie? C'est l'étymologie de ce terme qui peut nous le dire. En effet, le terme de philosophie est composé de deux mots grecs que sont: "philos" (= ami, amant, amoureux) et "sophia" (= sagesse). La sagesse en question ici est un savoir rationnellement et méthodiquement constitué en vue de certaines fins idéales ou supérieures de l'homme comme le bonheur, la perfection, la vérité, la justice, le bien, la vertu...La philosophie comme amour de la sagesse est donc la recherche de certaines qualités ayant pour but essentiel le perfectionnement, l'amélioration ou la correction (au sens absolu) de l'homme et de son monde. Cela se manifeste concrètement par la volonté de penser, de réfléchir, de méditer et d'approcher la vérité (l'être absolu). D'où la rigueur du philosophe qui juge sans complaisance les actions, les pensées et les sentiments de l'homme. D'où l'attitude tragique des philosophes à déployer des efforts héroïques ou surhumains à connaître et à apprécier le monde et les choses jusqu'à leurs fondements derniers en dévoilant leurs lois, leurs causes naturelles et surnaturelles, physiques et métaphysiques, visibles et invisibles, concrètes et abstraites. Et cela dans l'intérêt bien compris de l'humanité.

Il s'agit pour le philosophe de faire un choix de valeurs naturelles, surnaturelles, sociales, humaines et spirituelles et de comportements humains et sociaux. Cela fait de lui un guide de la destinée universelle, de la société globale en tant qu'il oriente intellectuellement l'histoire socio-humaine. Il s'agit pour lui de poser des fins ou valeurs suprêmes, absolues pour l'humanité et de déterminer les voies et moyens idéaux de les atteindre. Et les fins et les valeurs les plus générales sont: bonheur (eudémonisme), liberté, bien, justice, vérité, santé, paix, dignité, richesse, puissance, gloire, sagesse etc. (morale/éthique). Le philosophe doit montrer en quoi tout cela consiste véritablement et, surtout, comment l'obtenir, comment amener l'homme à acquérir cela. La démarche philosophique, faite de savoir, de vérité, de certitude, de Raison, de vertu, de prudence, de rigueur etc. nous fournit un outillage conceptuel adéquat, une méthode critique indispensable à la découverte des fins et des valeurs. Mépriser donc la philosophie, c'est vouloir demeurer dans l'obscurantisme, vouloir s'interdire tout progrès vers l'idéal et la perfection. La sagesse comme possession de la perfection intellectuelle, spirituelle et morale, comme fin de toute philosophie, est le facteur parfait et absolu du bonheur. Ainsi il nous est apparu légitime et utile de créer une Ecole de sagesse pour les Africains que nous avons dénommée l'Afrocratisme. Cela pour le Bonheur, le Salut et la Vérité sur le Négro-Africain. Cette nouvelle philosophie ou école a pour ambition de montrer aux Africains modernistes et occidentalocentristes la manière légitime, pour eux, de penser le monde, l'homme, la vie, la société..., d'agir et de vivre en Afrique ou ailleurs en tant qu'ils sont Africains. L'Afrocratisme, ou école de sagesse, veut les amener à se donner un sens valable, à trouver une originalité à leur être, à leur vie et au monde.

B. ENJEUX

ÉTHIQUE ET POLITIQUE

L'Afrocratisme remet le patriotisme négro-africain, ou le combat du bonheur de l'homme noir, à l'honneur, à l'ordre du jour et incite les gens à le poursuivre jusqu'à la victoire totale et définitive. Nos devanciers sont restés à mi-chemin. Il s'agit des gens comme W. E. du Bois, Marcus Garvey, George Padmore, Aimé Césaire, Léopold Sédar Senghor, Julius Nyéréré, Kwame Nkrumah, Sékou Touré… En effet, le résultat de leur lutte est notre Indépendance dérisoire, formelle, néo-coloniale et notre sous-développement comme mimétisme, exotisme, occidentalisation et modernisation, qui ont aliéné les Africains. Ainsi la première génération des intellectuels officiels Africains (Blancs à la peau noire) n'a pas su faire le bonheur des Négro-Africains. Et la situation globale de l'Afrique est aujourd'hui très alarmante et catastrophique. C'est évident pour tous. Pour remédier à tout cela, il faut une véritable révolution qui amènera la Renaissance culturelle et civilisationnelle; lesquelles passent nécessairement par la destruction de toutes les sources de notre mal (notre décivilisation et notre aliénation culturelle). Pourquoi nos dévanciers ont-ils "échoué"? C'est parce qu'ils ne se sont pas attaqués à la racine ou à la cause profonde du mal que représentent la culture, la mentalité et la civilisation blanches. Le principe de leur lutte ou de leur politique était le changement dans la continuité psychologique, culturelle et civilisationnelle en leur faveur. C'était le maintien du statu quo ante occidentalocentrique. La mégalomanie, la lâcheté et l'égoïsme les ont dominés. Alors ils ont préféré conserver le système de valeurs ou le modèle de culture et de civilisation des colonisateurs-impérialistes qui leur donne des privilèges exorbitants. Ainsi les premiers nationalistes africains sont tous ou presque devenus Présidents, Chefs d'Etat, Ministres, Députés, Premiers Ministres, Fonctionnaires, Bureaucrates, Bourgeois, richissimes, oppresseurs, néo-colonialistes, modernistes, dictateurs, despotes. Ils ont donc tourné le dos à leurs peuples illettrés, paysans, villageois et aux valeurs africaines. Trahison. Ainsi est née la lutte de classes, d'intérêt de groupes, de sociétés et de civilisations en Afrique noire. Les groupes ou les classes antagonistes sont l'**Intelligentsia** (basée en ville ou "pays de Blancs") et la **Paysannerie**. Que faire maintenant? Il faut continuer le combat en faveur du peuple opprimé en attaquant cette fois le mal à sa source réelle. Nous n'avons plus en face de nous des Blancs comme personnes physiques à combattre. Les Blancs sont remplacés par nos congénères noirs agissant pour leur compte. Nous avons des systèmes de cultures et de civilisations blancs (chevaux de Troie) à détruire, contre le gré des Blancs. Il nous faut, pour être heureux, nous libérer, nous décoloniser parfaitement et arracher notre destinée des mains des Africains qui nous maintiennent encore dans les systèmes de valeurs blanches toxiques. Il faut faire renaître l'Africanité. Nous exigeons la Révolution et la Renaissance culturelles, civilisationnelles de l'Afrique, facteurs capitaux ou conditions sine qua non de notre salut. Nous oeuvrons à cela.

Il s'agit de refaire notre sort et d'améliorer notre situation en combattant d'autres Africains égoïstes, traîtres, méchants et ignorants: Chefs d'Etat et intellectuels, défenseurs du modernisme et de l'occidentalocentrisme, qui nous occidentalisent en vue de s'enrichir. Ces derniers nous vendent aux Blancs, à leurs amis et à leurs patrons. Ils nous esclavagisent. Il faut que nous puissions nous libérer enfin. Nous avons trop honte d'être toujours esclaves des autres peuples et de nos gouvernants négriers. Nous ne voulons plus continuer à l'être. Le bonheur de l'Africain ne pourra se réaliser que dans le cadre d'une Révolution et d'une Renaissance globales et générales de l'Africain. Il n'ya pas de bonheur sans liberté, santé, justice, prospérité, sécurité, paix, dignité...Ainsi la Renaissance Africaine (R. A.) s'entend comme un processus qui mène à une lutte populaire pour la conquête de tous les Droits de l'Homme et pour la réhabilitation de la personnalité africaine. Renaissance veut dire "progrès ascendant de notre existence politique, humaine, économique, littéraire et intellectuelle, elle est, sous toutes ses formes, une libération laborieuse et permanente"(Khaled Mohamed Khaled in **La Démocratie pour toujours**, Le Caire, 1958, p. 45). Cela signifie: "En politique, libération de l'agression et de la peur; en économie, libération de l'exploitation et du besoin; dans l'intellect: libération de l'ignorance et de l'oppression" (Khaled Mohamed Khaled, **Idem**, p. 45). En somme, la Renaissance Africaine est la destruction de l'ordre actuel tyrannique ("despotisme obscur"), intellectocratique, c'est-à-dire caractérisé par la violence, l'arbitraire et l'injustice trop flagrants et cyniques des intellectuels qui se prennent cependant eux-mêmes hypocritement et démagogiquement pour des sauveurs, des champions démocrates et républicains, des sages ou même des dieux. Cela ne surprend plus et ne trompe plus personne. Renaissance signifie donc **désintellectocratisation** de l'Afrique, remise des paysans, des villageois et des analphabètes ou illettrés au trône donc retour aux coutumes africaines légitimes. Il s'agit donc aussi du retour à la vie sociale, culturelle, économique et spirituelle propre aux peuples et aux ethnies africains qui sont les seules vraies nations. Enfin Renaissance signifie reconquête de tous les droits des Négro-Africains bafoués, aliénés, usurpés par l'intellectocratie occidentalocentrique; reconquête de la légitimité à tous les niveaux, dans les rapports humains, sociaux, politiques et la reconnaissance ou respect des institutions et des coutumes diverses de nos ethnies (nations authentiques) par l'Intelligentsia moderniste et occidentalocentriste en vue de leur libre épanouissement et plein fonctionnement au plan national et fédéral.

C'est donc une subversion totale et parfaite. Tous ces éléments de nos civilisations villageoises qui seront nos nouvelles valeurs nationales et fédérales auront à se fonder sur les besoins naturels et nécessaires (pas de luxe insensé et ruineux qui poussera à la mendicité honteuse) des nations et des peuples qui formeront ensuite des fédérations légitimes, volontairement et librement. Puis ces fédérations pourront constituer une suprafédération africaine (Panafricanisme). Nos fédérations (Communautés des Ethnies Indépendantes) devenues légitimes (condition de leur efficacité) et notre métafédération continentale (à réaliser) seront naturellement guidées et dominées par les visions du monde, de l'homme et de la société villageoises, par les religions, les morales, les conceptions métaphysiques et humanistes propres aux tribus, aux ethnies et aux clans africains.

C. LES FONDEMENTS DE L'AFROCRATISME

PHILOSOPHIE, RELIGION ET ÉTHIQUE DE L'AFRIQUE

"La notion occidentale et contemporaine de justice sociale recouvre une autre réalité que l'harmonie africaine: elle est liée à un système où la volonté de dominer la nature acquiert de la valeur parce qu'elle est le moteur nécessaire du changement. La lutte des classes exprime la contradiction qui régit le système occidental: il est difficile de produire sans dominer autrui et il est impossible d'accepter pour soi cette domination. L'Afrique s'est en quelque sorte "arrangée" pour ne pas se laisser enfermer dans la contradiction. Il est entendu une fois pour toutes que le refus de l'asservissement de l'homme par l'homme est premier; peu importe que la transformation de la nature soit de ce fait irréalisable" (INADES **Formation-Cours d'initiation au développement,** n. 7, pp. 39-40).

Dans l'Afrique villageoise, il existe des philosophies, des religions, des idéologies, des éthiques, des visions du monde, qui constituent nos valeurs cardinales. La vie villageoise est pétrie de vertus et de sagesse (axiologie et eschatologie). En effet, selon l'expression très juste de Roger Garaudy, " L'Africain considère l'homme comme inséparable de la nature et c'est ce que l'Européen appelle faussement l'"animisme". L'homme est une étincelle de la divinité et c'est ce que l'Européen confond avec le "polythéisme". L'homme ne peut être mutilé de ce qui est essentiel à sa vie: la participation avec la communauté et c'est ce que l'Européen individualiste appelle la négation de la personne" (Roger Garaudy, in **Appel aux vivants**, Seuil, Paris, 1979, p. 273). Daniel Anikpo fait remarquer que les bases philosophiques de nos civilisations sont dialectiques et sur le plan éthique altruistes. Elles ignorent l'individualisme égoïste, source de haine, de conflit et de violence; l'ego est conçu comme un mal en Afrique tandis que le groupe est vu comme un Bien, garantissant l'existence, la sécurité et le bonheur de l'individu collectif. Celui qui se met hors de la communauté, dit Anikpo (violence, désobéissance), perd sa qualité d'être humain (ennemi public) et est perçu comme l'incarnation d'un génie malfaisant. Il est donc craint, mis à l'index. La vision du monde villageoise n'est pas une vision dualiste qui perçoit tous les rapports du monde en termes de conflit et de violence ou antagonisme (négation, exclusion, guerre). Elle n'oppose pas et ne divise pas les êtres ni les choses mais au contraire les intègre dans une parfaite harmonie selon leurs propres lois ou leur nature. En Afrique villageoise, "L'homme est, selon Nkrumah, cité par Anikpo, considéré avant tout comme un être spirituel, doué au départ d'une certaine dignité, intégrité et valeur intérieure...C'est là le fondement théorique du communalisme africain qui s'est traduit, au niveau social, par des institutions comme clan, qui soulignent l'égalité initiale de tous et la responsabilité de tous pour un. Dans ce contexte social, il était impossible qu'apparaissent des classes au sens où l'entend Marx" (Nkrumah in **Le Consciencisme**, Paris, Présence Africaine, 1976, p. 87). Et à Anikpo de faire savoir que c'est en partant de l'analyse de la vision villageoise dialectique de l'homme, de la société et de la nature, que Kwame Nkrumah a opté pour une voie africaine du socialisme et a fondé sa théorie du "socialisme africain" (Consciencisme).

"Le Consciencisme, philosophie et idéologie pour la décolonisation et le développement de l'Afrique". Il a été élaboré par Kwame Nkrumah. Il est fondé sur la vision dialectique et matérialiste du monde et sur le mode de production communaliste de l'Afrique villageoise. Pour Nkrumah, l'Africain villageois vit, pense, agit et s'exprime avec une philosophie matérialiste, dialectique dont le noyau est constitué par les idées d'union, d'entente, d'équilibre, de consensus, de paix, de liberté, de négociation. La dialectique est ici, selon Anikpo, le processus qui permet l'unification nécessaire de deux contraires antagoniques. "Ainsi, comme le note très pertinemment Daniel Anikpo, la philosophie africaine reconnaît l'existence de la contradiction et l'universalité de la contradiction. A la différence de la conception européenne (hégélienne ou marxienne), qui ne reconnaît dans la matière que deux états opposés, antagoniques, exclusifs, totalitaires, hégémoniques, de dictature, la philosophie africaine consensuelle reconnaît trois états, le troisième état étant celui de la résolution de l'opposition des deux premiers: état 3 de la matière, état de consensus: un super état. Selon la philosophie africaine du consensus, entre deux contradictions antagoniques, il existe toujours un état consensuel qui constitue l'état de résolution juste desdites contradictions (état de communauté d'intérêt). En d'autres termes, dans la philosophie africaine, toutes les contradictions, en créant un cadre approprié de négociation vraie, loyale et honnête, trouvent leur résolution, sans forcément que l'un des contraires soit détruit totalement et définitivement. La résolution pourrait aussi être la perte ou le gain partiel et mutuel, à condition de se maintenir dans la zone de consensus (état consensuel). La résolutrion des problèmes doit se situer dans la zone de consensus ou zone d'équilibre. Il s'agit là d'une solution conciliante qui peut être durable" (Daniel Anikpo, in **Du Défi au pari africain**, Ed. Du Pari, Abidjan, 1990, p. 32).

L'Occident aime la violence, la destruction, l'exclusion, la domination, le conflit, la révolution. Sa mentalité ou sa vision du monde et de la société sont antagonistes et hégémonistes. En revanche, l'Africain villageois est pacifiste. Il préfère la conciliation, la négociation, le consensus et la réforme. Il ya incontestablement opposition entre l'Occident et l'Afrique villageoise. Daniel Anikpo a très bien perçu cela. En Occident, on trouve une structure de développement et de pensée à dominance **belliqueuse** et en Afrique une structure de développement et de pensée à dominance **pacifiste**. Sur le plan philosophico-religieux, la différence opposant l'Occident à l'Afrique est très nette. Daniel Anikpo la résume: " Suivant la théorie de l'antagonisme fondée sur la séparation et l'opposition, les Européens ont pu élaborer, à des moments historiques différents, deux conceptions philosophico-religieuses différentes. La première, fondée sur l'existence de l'Idée Pure, est une métaphysique. La seconde, basée sur la matière absolue, est matérialiste. La religion africaine, l'animisme, est la religion selon laquelle l'esprit anime la matière à laquelle il est indissociablement lié. Selon le dictionnaire Littré, l'animisme est la "doctrine qui, pour expliquer chaque phénomène de la vie et chaque maladie, fait intervenir dans les corps organisés, considérés comme inertes, l'âme pour principe d'action, pour cause première". L'animisme est une conception religieuse plurielle. C'est une multiplicité de religions, toutes au service de l'homme. Les génies sont à la fois matière et esprit, avec l'esprit dominant la matière, tandis que l'homme est composé lui aussi de matière et d'esprit mais avec la matière dominant l'esprit." (Anikpo, **Idem**, p. 32).

Toujours, dans le même ouvrage de Daniel Anikpo, nous apprenons que l'Humanisme africain villageois est fondé sur le **consensus dialectique.** "Le consensus dialectique va servir de source d'inspiration à la conception et à l'organisation des sociétés et des modes de vie africains" (Daniel Anikpo, **Idem**, p. 37). L'Africain est ouvert au dialogue, à la négociation, à l'acceptation de la différence et de l'autre, à la tolérance. Il s'agit d'un " Humanisme qui conçoit la différence, l'autre, non comme opposition antagonique mais plutôt comme une nécessité, une complémentarité, une partie de soi. Il s'agit de voir dans deux entités apparemment contraires ou contradictoires, l'essence qui les unit, les rassemble" (Anikpo, **Idem**, p. 37). Le consensus empêche le pouvoir politique d'être une contrainte dictatoriale et totalitaire. Le pouvoir politique en Afrique est caractérisé par la démocratie, la collégialité, la négociation, le contrôle de tous et de chacun. Le consensus politique est fondé sur l'absence de classes antagoniques dans la production, la répartition et la consommation. " Le consensus économique est réalisé de façon intrinsèque par le mécanisme même du système communaliste. En effet, l'économie réalise un faible surproduit, d'une part, et le producteur est un travailleur-propriétaire, d'autre part.

L'opposition capital-travail est structurellemnt "digéré" par la propriété lignagère ou clanique ou castique ou communale. Ici encore nous dirons que l'histoire n'a pas mis en évidence une exploitation (sens marxiste du terme: esclavage) d'un clan par un autre clan. Il existe, bien entendu, au sein du clan ou du lignage ou de la caste, une contradiction entre :

-d'une part, parents-enfants et
-aînés et cadets
-d'autre part, époux-épouses

Mais ces contradictions ne sont pas antagoniques. C'est le type de contradictions que Mao Tse Toung nomme contradictions au sein du peuple et qui se résolvent par le dialogue, le consensus. Il en est de même de la contradiction interclanique, intercastique ou interlignagère. La contradiction entre propriété collective (publique, communale, clanique, lignagère, castique) et propriété privée (droit d'usage privé de la terre, propriété privée des biens domestiques) est elle-même résolue au moyen de la participation de tous, individuellement et collectivement, à la production et à la consommation. C'est le consensus économique qui, en dernière mesure, détermine tous les autres consensus. Le consensus économique africain a donc été possible du fait de l'existence d'une exploitation minimum dans la société communaliste" (Anikpo, **Ibidem**, pp. 38-39).

L'AFROCRATISME

(HUMANISME ET POLITOLOGIE)

LE SYSTÈME POLITIQUE DE L'AFRIQUE MODERNE: INTELLECTOCRATIE OCCIDENTALOCENTRIQUE

Dans l'Afrique dite postcoloniale, les paysns-villageois ne sont pas dans un rapport d'égalité (juridique, économique, politique, social...), de justice, de légitimité, de bonheur, de paix, de fraternité ni d'amour avec les Intellectuels officiels modernistes. En effet, l'Intelligentsia, basée dans les villes ("pays de Blancs"), se place dans un univers socio-culturel étranger aux paysans-villageois. La classe des intellectuels officiels se réclame de la civilisation occidentale dominante. Voilà le principe de l'intellectualisme, comme phénomène psycho-sociologique. Voilà aussi une violence à caractère complexuel et impérialiste. C'est de l'occidentalocentrisme (européocentrisme et américanocentrisme). Les intellectuels officiels ont acquis ou se sont donné une nouvelle identité, une autre référence (un autre repère) culturelle, civilisationnelle: Europe-Amérique. A l'aide de cette identité d'emprunt ou héritage colonial, nos intellectuels officiels se sont donné un privilège "sacré" de gouverner seuls toute l'Afrique actuelle d'une manière absolue, sans partage. Ils ont donc relayé égoïstement, hypocritement et cruellement les colons blancs et assurent la continuité macabre du colonialisme, du racisme, de l'esclavagisme, de l'impérialisme (néocolonialisme). Ainsi ils ont institué un pouvoir tyrannique d'intellectuels. C'est l'intellectocratie occidentalocentrique qui opprime, exploite la paysannerie et bafoue la dignité du Noir. Cette intellectocratie tyrannique est naturellement hostile à la civilisation et à la culture africaines pures, c'est-à-dire villageoises ou précoloniales. Elle combat, de toutes ses forces, l'originalité ou l'identité civilisationnelle des Noirs (comme fait ou idée). Même à l'heure où l'on parle de plus en plus de libération, de démocratie pluraliste (Perestroïka oblige peut-être), il faut craindre un certain machiavélisme propre à l'intellectocratie consistant à vouloir toujours exclure la paysannerie du champ du bonheur, de la liberté, de la prospérité, de l'autorité, de la dignité, de la justice, de l'égalité. On doit se demander ce qui va changer réellement et fondamentalement en faveur des paysans-villageois.

La Décolonisation, l'Indépendance et la libération de tous les Africains n'ont point été réalisées. Elles ne sont que des discours démagogiques ou un leurre. C'est dans ce contexte que les intellectuels opportunistes et assoiffés de grandeur, de prestige, de richesse, d'honneur, de pouvoir (atteints de mégalomanie) ont usurpé tous les pouvoirs du peuple. C'est par cette même occasion qu'ils ont déclaré la guerre aux valeurs de culture et de civilisation négro-africaines. Ainsi le nationalisme/patriotisme négro-africain, qu'on croyait être une chose sincère et sérieuse, n'a été qu'une entreprise essentiellement trompeuse. C'est une **trahison**. C'est un complot fomenté par les intellectuels occidentalisés. Ces derniers ont préféré créer, entretenir et diriger des Etats-Nations-Partis inféodés aux Etats unitaires, jacobins, centralisés de leurs maîtres blancs. Leur intention était sans conteste de "chasser" les Blancs de l'Afrique et d'occuper leur place qu'ils enviaient très jalousement. Ils voulaient "s'engraisser", se "sucrer" par tous les moyens. Et aujourd'hui, ils sont comblés de privilèges innombrables et exorbitants issus de leurs conquêtes. L'Afrique représente un très gros gâteau dont ils ont le monopole absolu. Ils s'en taillent des parts de lion. Pendant plus de soixante années, ils ont organisé et entretenu une bureaucratie et une administration excessivement onéreuses servant un Etat doté d'un terrifiant appareil coercitif, à savoir armée, police, gendarmerie, tribunaux, prisons... Ce sont là les instruments du terrorisme de l'Etat moderne, occidentalisé. Ainsi l'intelligentsia, qui ne veut pas du tout la libération, le bien-être et l'opulence de la paysannerie, entretient un terrorisme et une tyrannie intellectocratiques. Cet arbitraire ou viloence intellectocratique interdit la Décolonisation, l'Indépendance et le Développement socio-économique véritables. Car si cela se faisait réellement, les paysans-villageois reprendraient (et doivent reprendre) leur trône, c'est-à-dire dirigeraient l'Afrique comme par le passé. Voilà la plus grande frustration historique de la paysannerie qui se voit, par le biais de la colonisation (et de la Décolonisation trompeuse), détrônée, dépossédée de toutes ses richesses et de tous ses biens. Maintenant, les paysans sont vus comme les "parents pauvres" qui sont dominés et ridiculisés. Ils sont affamés, humiliés, dédaignés, livrés à la maladie et à la mort, comme conséquences nécessaires de leur servitude. Ils sont méprisés, paupérisés et asservis par leurs "fils", "petits-fils' et "arrière-petits-fils devenus très puissants, trop rusés, "Blancs" et complices de Blancs purs. Des bourreaux impénitents.

Les intellectuels intellectocrates ont opté définitivement, absolument, pour le système qui leur est profitable. Très profitable. Ce système est la république formelle, la pseudo-république. En elle seule, ils sont les maîtres absolus. C'est le terrible "despotisme obscur" dont parle Edem Kodjo dans son ouvrage, **Et Demain l'Afrique**. En effet, sans l'institution républicaine, l'Afrique n'aurait pas connu le régime présidentialiste malheureux et impur, mais uniquement le système des Rois, des Chefs et des Empereurs (paysans-villageois). L'Afrique possède ses propres coutumes et ses propres règles juridico-politiques. Ce n'est pas le présidentialisme ni le parlementarisme de nos modernistes intellectocrates. L'institution et le maintien en Afrique actuelle de ces pratiques étrangères ne profitent qu'à leurs auteurs, c'est-à-dire à ceux qui les ont importés afin de pouvoir régner sans toutefois en avoir le droit (illégitimité politique fondamentale). La République, en Afrique, est caractérisée par une ILLEGITIMITE FONDAMENTALE qui consiste à accéder au pouvoir grâce à l'intellectualisme et à l'occidentalisme. Cette illégitimité fondamentale consiste également à conserver ce pouvoir usurpé et à pratiquer l'exclusivité politique par la force illégitime et par la ruse. Voilà pourquoi nous condamnons et refusons la République; c'est une **usurpation** du pouvoir par ceux qui ne méritent pas (selon les règles juridiques villageoises) de gouverner. Demandons à nos Présidents s'ils sont autorisés ou destinés par leurs tribus, clans, villages ou ethnies à être rois ou empereurs. La réponse générale sera sans nul doute négative. L'institution républicaine en Afrique est donc un acte despotique, tyrannique, injuste et totalitaire qui n'épargne aucun domaine de la vie sociétale ou publique. Ainsi l'instauration et la pratique des échanges commerciaux avec l'Occident et l'économie monétaire sont particulièrement avantageuses pour les intellectuels égoïstes et cupides au pouvoir. Ce faisant, ces derniers empêchent le développement (par la paysannerie) de l'économie rurale libre, autonome (non politique). L'intelligentsia au pouvoir (ogre, parasite, vampire) tire l'essentiel de sa fortune d'une agriculture (oeuvre des villageois) extravertie, basée sur la production et l'exportation vers l'Occident du café, du cacao, de l'ananas, des arachides, du coton etc. Cependant, les producteurs villageois eux-mêmes sont en général si pauvres qu'ils sont incapables de satisfaire leurs besoins élémentaires (santé, nourriture, écolages des enfants, vêtements, logement...). Cette paupérisation fondée sur l'exploitation cynique des paysans (planteurs-cultivateurs) par les citadins (bureaucrates, fonctionnaires, cadres, politiques...) a entraîné la misère, la détresse (famine, maladie, mort) et l'exode rural aux conséquences très regrettables et multiples: vagabondage, sans-emploi, abus de confiance, clientélisme, prostitution, brigandage, délinquance, criminalité tous azimuts aussi bien chez les jeunes que chez les vieux.

A l'heure de la revendication de la démocratie dite pluraliste, les intellectuels intellectocrates sont-ils réellement prêts à pratiquer la justice en faveur de la paysannerie? La démocratie multipartisanne (véritable sectarisme politico-social) est une chose imposée par l'Occident (vainqueur de la guerre froide) à l'intelligentsia (O aliénation!). C'est toujours pour son bien exclusif, égoïste, puisque cela s'organise dans le cadre de l'institution occidentalocentrique qu'est la république. Logiquement et réellement, il n'ya rien à espérer quant à l'amélioration de la condition paysanne. C'est ce qu'on sait déjà qui continue. Hélas! C'est dire que la paysannerie sera, pour toujours, gouvernée, opprimée, dominée et exploitée. Donc l'expression même de démocratie est ici absurde, paradoxale, contradictoire et démagogique. En effet, dans le système républicain (et quelle République!) déjà les paysans-villageois sont exclus de la direction sociétale. Et quelle démocratie dans laquelle la majorité (paysans-villageois) est écartée du pouvoir, dominée et exploitée! La tyrannie des intellectuels officiels (ou intellectocratie occidentalocentrique) et le terrorisme intellectocratique ne sont point de la démocratie ni de la république mais de l'oligarchie diabolique et démoniaque comme siège de tous les complots et de toutes les combines de l'Occident impérialiste, néocolonialiste et néo-esclavagiste. En effet, démocratie signifie le gouvernement du peuple par le peuple lui-même et pour le peuple lui-même, c'est-à-dire en vue de son propre bonheur et de sa liberté. Ce n'est donc point la servitude (qui se trouve dans le régime intellectocratique et occidentalocentrique ou moderniste) ni la soumission absolue, masquée par des mots charmants à effet d'opium, d'une majorité écrasante, absolue, par une minorité quelconque à la solde de l'étranger impérialiste. Et elle n'admet pas la représentation, sinon elle est dévoyée et elle se détruit. La délégation du pouvoir du peuple à une minorité d'intellectuels officiels est aliénation, donc anti-démocratique, anti-républicaine. La démocratie véritable (paysanocratie) est directe ou elle n'existe pas. Que l'on comprenne cela une fois pour toutes. Peuple Africain, comprend cela une fois pour toute. Et rejette tous les mensonges des intellectocrates modernistes et occidentalocentristes. Résiste à l'intellectocratie. C'est ton ennemie mortelle. En fin de compte, la démocratie rejoint parfaitement l'anarchisme car elle exclut tout élitisme hégémonique. Elle exige que TOUT LE MONDE commande, gouverne et donc que personne ne commande son prochain (le peuple) et de façon tyrannique. C'est un système contraire à l'aristocratie prônée par le philosophe Platon qui revendique le pouvoir pour les intellectuels, c'est-à-dire les savants-sachants ou philosophes dialecticiens (comme lui-même). Platon est favorable à l'ordre intellectocratique. Il prêche pour sa propre chapelle. Cette tendance est néfaste pour l'Afrique.

D'ailleurs à quoi bon chercher des modèles politiques ailleurs, en dehors de l'Afrique, c'est-à-dire hors du patrimoine culturel, civilisationnel des ethnies, des clans et des tribus divers de chez nous? Pour nous, les Afrocrates, un prétendu archaïsme ou primitivisme vaut mieux, absolument mieux, que notre modernité politique d'emprunt (singerie) très lamentable et inhumaine. Sortons du complexe de sauvagerie et du complexe d'infériorité et défendons légitimement nos coutumes politiques traditionnelles africaines. Valorisons-les au maximun. Cessons de les mépriser et de les insulter nous-mêmes pour faire plaisir aux Blancs dominateurs. Revendiquons notre souveraineté politique fondamentale ou authentique et quittons l'aliénation mortelle. La politique, c'est l'art d'organiser, de structurer, de gérer, d'administrer et de gouverner la société civile de telle sorte qu'il y règnent la justice, l'ordre, la paix, la sécurité et qu'il y ait la prospérité, le bonheur et la liberté de tout citoyen. Or l'intellectocratie occidentalocentrique est violence, injustice, arbitraire, illégitimité, développement de la misère, asservissement, création des malheurs infinis. Donc l'intellectocratie est anti-politique. Par conséquent, elle doit être combattue et rejetée loin de notre Afrique que nous voulons sauver.

L'AFROCRATISME

(PROJET DE SOCIETE)

Le système de valeurs villageois constitue la base axiologique, idéologique et culturelle de l'Afrocratisme. Le milieu villageois africain, notre référence ou repère, recèle foule de vertus observables qui constituent un humanisme et un humanitarisme supérieurs. C'est l'humanisme-humanitarisme authentiquement afrocratique. Cela doit inspirer les Africains et leur permettre d'améliorer et de perfectionner moralement et juridiquement toutes leurs institutions et structures sociales actuelles, ainsi que leurs mentalités, leurs comportements et leurs civilisations "fédérales" et "métanationales". Voici quelques unes de ces valeurs et/ou principes: égalité fraternelle des hommes, justice et loyauté envers autrui, amour du prochain, hospitalité et respect pour autrui, bonté, sincérité envers tous, solidarité, union, paix entre les hommes, sens de l'honneur et de la dignité. Ce système de vertus nous impose des comportements d'ordre ascétique, éthique, spirituel et exclut donc toutes formes de barbarie, de sauvagerie ou brutalité bestiale. A partir de ces vertus humanistes et humanitaires, on doit tracer les contours et déterminer les cadres généraux de la société afrocratique, c'est-à-dire penser la structure, le fonctionnement, les institutions et les rapports nouveaux des formations sociales de notre continent-pays (fédération). Nous voulons une société africaine démocratique, authentique, très juste, pacifique, prospère, libre et puissante, avec des citoyens très sages, des institutions et des structures efficaces, fonctionnelles et légitimes. En effet, les formations socio-politiques actuelles de notre continent ne sont point légitimes, démocratiques ni humaines. Cependant, elles nous sont présentées abusivement comme des Nations. Qu'est-ce qu'une nation? La Nation véritable doit rassembler des hommes qui sont unis par des affinités d'ordre biologique (race identique, parenté...), sociologique (identité culturelle), historique (même passé), géographique (même territoire), psychologique (mentalité identique), éthique (solidarité, amour, fraternité, altruisme, discipline). Or aux plans sociologique, géographique, psychologique, historique et moral, l'on ne voit dans nos prétendues nations que différences, diversités, multiplicité, conflits, antagonisme et contradictions. Ainsi la Côte d'Ivoire n'est pas une nation (mais seulement un "Etat") mais les peuples Bété, Sénoufo, Agni, Mbatto (Gwa), Ebrié, Attié, Abouré, Baoulé, Abbey, Adioukrou etc. forment chacun une nation authentique. Peu importe leurs dimensions démographiques et géographiques réduites ou étendues. Mais les colonisateurs européens barbares et cruels ont imposé un découpage territorial artificiel aux Africains dans leur action de partage sauvage et arbitraire de l'Afrique (comme gâteau) et dans la formation de leurs empires coloniaux d'outre-mer. Cela a donné à notre continent une configuration politique nouvelle qui a vu l'implantation de ces institutions officielles étrangères qui se disent hypocritement et démagogiquement Etats, Nations et Républiques Démocratiques. Il s'agit en fait de simples "Etats" coloniaux (vassaux), jacobins, créés et imposés comme instruments par les puissances impérialistes occidentales qui gouvernent, administrent et exploitent à leur profit tout le continent africain, c'est-à-dire peuples, territoires et richesses de nos véritables Nations. Ainsi nos vraies Nations sont méprisées, bafouées et dominées jusqu'à devenir ce que l'impérialisme nomme de façon injurieuse tribus, clans, ethnies, peuplades etc. Ces "Etats" fantoches ne sont point des Républiques. Ce sont des "Etats" despotiques et terroristes qui prolongent le colonialisme, l'impérialisme et le racisme. Ils pratiquent ce que Edem Kodjo nomme à juste titre le "despotisme obscur" et que nous appelons la "barbaro-cyno-bello-cratie"(ou le règne par la barbarie, le cynisme et la guerre).

Si l'Etat "est essentiellement le pouvoir légitime de légiférer" (Jean Laubier in **Technique de la dissertation philosophique**, Paris, Masson et Cie, 1971, p. 195), alors ces "Etats" néocoloniaux dénués de toute valeur (légitimité éthico-juridico-politique), n'en sont pas d'autres. "Une collectivité dans laquelle les individus céderaient à la contrainte ou à la menace, une collectivité même dans laquelle ils se soumettraient dans un élan d'adoration, ne seraient pas des Etats" (Jean Laubier, **Idem**, p. 195). Dans tout Etat légitime, le pouvoir souverain appartient au peuple tout entier. L'Etat est le gouvernement de l'homme par la loi, par le droit comme volonté générale. Ces formations politiques néocoloniales, barbares, cyniques et bellogènes sont contraires à la notion de république. En effet, la république, qui est la négation de l'autocratie ou de la monarchie, se veut dans son principe MORALE. Par conséquent, elle s'oppose à la violence illégitime, à l'injustice et à l'arbitraire de nos tyrannies ou faschismes. Il est donc clair que cette politique africaine néocoloniale est totalement illégitime et anti-démocratique. En effet, qu'est-ce que la démocratie? C'est l'exercice moral, ascétique et légitime du pouvoir politique ou c'est le "régime politique dans lequel le gouvernement est assuré par le peuple tout entier" (Jean-Jacques Rousseau in **Du Contrat social**). Or, c'est une minorité d'hommes composée uniquement d'intellectuels officiels qui détient, exerce et monopolise de façon absolue le pouvoir politique chez nous. Un tel pouvoir institué et exercé uniquement par l'intelligentsia constitue l'Intellectocratie despotique et occidentalocentrique. Qu'est-ce qui doit ou devrait être? D'abord la reconnaissance et la réhabilitation-restauration des nations réelles par l'intelligentsia moderniste et occidentalocentrique. Il s'agit des tribus, des clancs, des ethnies. Il n'y aura rien à retrancher ni à ajouter à leurs civilisations au nom du modernisme. Nous voulons le respect et le maintien absolus de leurs cultures, idéologies, mode de production communaliste, religions, philosophies, visions du monde. Ces Nations seront autonomes, indépendantes, souveraines. Selon leur bon vouloir et leurs besoins propres, elles signeront librement, entre elles, des accords de coopération, de solidarité et d'entraide. Cela sera fait surtout en matière de défense (sécurité oblige) et d'économie (prospérité oblige). Elles formeront ainsi des FEDERATIONS légitimes. Celles-ci se substitueront à nos pseudo-Etats ou pseudo-Nations actuels. Par ce même processus, se créera, petit à petit, une fédération gigantesque panafricaine, c'est-à-dire une METAFEDERATION ou MEGAFEDERATION en Afrique. C'est la Communauté Continentale des Communautés Régionales des Ethnies Indépendantes d'Afrique (C. C. C. R. E. I. A.).

FINALITÉS DES VÉRITÉS AFROCRATIQUES

(LE BONHEUR ET LE SALUT DES NEGRO-AFRICAINS)

La plupart des malheurs qui frappent et accablent les Négro-Africains de l'époque dite moderne ou post coloniale ont pour causes: ignorance, mensonge, erreur, illusion, préjugé, complexe d'infériorité etc.. Pour combattre ces malheurs afin que le Noir trouve son bonheur, il s'avère nécessaire d'établir un certain nombre de vérités sur le passé et le présent africains. C'est ce genre de vérités que nous qualifions de vérités afrocratiques.

Les conditions du bonheur et du salut africains

Le bonheur, pour être réel ou effectif (et non pas une simple idée métaphysique) requiert un certain nombre de conditions objectives. Ainsi l'Africain doit connaître la vérité sur lui-même, sur son monde et sur son rapport aux choses comme aux autres hommes (Blancs, Jaunes, Rouges). Lequel rapport doit avoir pour bases et fins justice, liberté, dignité, paix, indépendance, santé, prospérité. Voilà pourquoi nous exigeons des actions comme décolonisation parfaite des institutions, structures, idéologies, mentalité, coutumes, comportements, cultures, civilisations, désintellectocratisation, démodernisation, désoccidentalisation, désaliénation. Et en lieu et place de l'ordre moderne, il faut instituer la **paysanocratie**, accorder l'autonomie aux vraies nations actuelles (villageoises), les réhabiliter. Il faut détruire tous les mensonges, tous les préjugés et toutes les contre-vérités. On nous a dit que nous ne sommes pas des hommes (Hegel, Voltaire, Victor Hugo...)

que nous n'avons pas de civilisation ni d'histoire, que nous sommes des êtres primitifs, barbares, sauvages, dépourvus de Raison, de logique, de pensée, de sagesse (Hegel, Lévi-Bruhl, Gobineau...). L'Afrocratisme donne un enseignement libérateur et salutaire par rapport à tout ça. Cet enseignement cherche les conditions du bonheur du Négro-Africain. Il découvre des vérités qui peuvent contribuer à la guérison des Africains trop intoxiqués jusqu'à ce jour. Ce faisant, il les place dans la voie qui les mène au bonheur. En effet, les Négro-Africains sont dominés, néocolonisés, discriminés, complexés, séduits, aliénés, opprimés, exploités, méprisés, contraints de renoncer à leur être, à leurs civilisations et à leurs cultures propres. A l'origine de tous leurs malheurs, il ya l'illusion, le mensonge, l'erreur, les préjugés, les contre-vérités que les Blancs (dans leur volonté colonialiste, raciste, esclavagiste, exploitationniste et impérialiste) ont semés dans leur esprit. Notre mal et notre malheur suprêmes ont pour causes: la violence ou l'agression occidentale et notre auto- violence intellectocratique consécutive à l'occidentalocentrisme ou à l'hégémonie occidentale. Nous sommes trompés et jetés dans le plus redoutable complexe d'infériorité par l'esclavagiste et le colonisateur blancs. C'est ce qui explique notre exotisme implacable et notre mimétisme inlassable et déraisonnable. Nous sommes devenus ainsi des gens qui ont honte et peur d'eux-mêmes, de leur image noire, des hommes désespérés de leur destinée. C'est pourquoi nous détestons, condamnons notre "noirceur" ou notre "africanité", c'est-à-dire ce que nous étions dans notre civilisation précoloniale et villageoise, au profit de la civilisation blanche ou de l'occidentalité. On peut parler ici d'"onticide", de "civilisaticide", de "culturicide", à propos des Négro-Africains parce qu'ils tuent leur être, leur civilisation et leur culture ("africanicide"). Ainsi le monde blanc est devenu notre miroir très dangereux et mortel. D'où la grimace macabre ou la ruse fatale qu'est notre intellectocratie moderniste et occidentalocentrique. Voilà le sens ou la valeur des termes qui sont devenus de véritables leitmotivs des Africains: Développement, Civilisation, Progrès, Science, Technique, République, Démocratie, Raison, Modernisme, Religion, Philosophie, Art etc.. **Il s'agit d'un détour obligé par l'Occident, pour agir, penser et vivre**. Ce qui suppose qu'il n'ya rien de bon chez nous, que nous ne valons rien ou que nous ne savons rien faire. D'où l'équation mensongère et macabre que nous posons tous les jours: Africain (Noir)= gros bébé, nullard, borné, ignorant, vilain, méchant, démon, incapable, irresponsable, malhonnête. Nous sommes piégés et en danger. Le temps est très grave.

RÉPONSES À DES QUESTIONS ET À DES OBJECTIONS

Question 1

L'Afrocratisme signifie-t-il la destruction pure et simple de la vie moderne, des institutions et des réalisations comme les villes, les écoles, la science, la technique?

Notre réponse

L'Afrocratime n'est pas une doctrine modérée mais révolutionnaire. C'est une doctrine qui rejette toute influence **étrangère nocive** sur l'Afrique. Elle défend (et veut promouvoir) la modernité proprement africaine. Les villes, les écoles, la science, la technique, la logique et la Raison ne sont pas étrangères à l'Afrique. Elles sont même parties de l'Afrique qui demeure le berceau de l'humanité et des civilisations. La situaion actuelle de l'Afrique exige que nos pensées africanistes soient radicales et intransigentes. Notre soif de liberté, d'indépendance socio-politico-économique et de dignité, de grandeur et de puissance nous oblige. C'est la seule possibilité ou stratégie véritable et efficace pour le bonheur et le salut des Africains.

Question 2

L'Afrocratisme s'oppose-t-il au progrès et au développement? Est-ce l'idée de retour à la vie primitive, animale, campagnarde?

Notre réponse

L'Afrocratisme s'oppose seulement au progrès et au développement socio-humains conçus comme imitation, mimétisme, rattrapage du mode et du niveau de vie des Occidentaux actuels. Pour les Afrocrates, il ne s'agit pas de prendre comme modèle et référence la société blanche, c'est-à-dire l'étranger dominateur, impérialiste, colonialiste, mais de trouver ses finalités propres et d'évoluer vers elles par des moyens et des stratégies originaux, dans la liberté, pour atteindre aun maximum de bonheur. L'Afrocratisme refuse le développement comme occidentalisation et aliénation pures et simples des Africains. Le développement ou progrès au sens occidental (transhumanisme, eugénisme, intelligence artificielle, ultra-capitalisme, néo-libéralisme, nouvel ordre mondial des francs-maçons...), est une folie, une illusion, une bêtise, un crime perpétré par les Chefs d'Etat africains jacobinistes, tyrans. Il consiste en des actions d'entretien ruineuses d'un Etat-Nation-parti-clan et d'une bureaucratie (système des fonctionnaires) parasite et en la spoliation des masses paysannes que l'on maintient dans l' esclavage. Ce type de développement est une lutte entre la ville et le village. La ville est peuplée de parasites, de truands, de voleurs, de criminels, d'aliénés culturels (des fous). Ce développement est une création de "Blancs culturels" occupant tous les anciens postes et rôles laissés par des "Blancs biologiques"en Afrique. L'Afrocratisme, c'est l'idée d'un développement historique authentique noir, suivant les aspirations et le génie africains. Il repose sur une vie naturelle, pure et saine. Il ne s'agit pas de l'idée d'un retour passif et paresseux à la vie primitive, animale, qui est d'ailleurs un mythe grotesque inventé par les modernistes et les occidentalocentristes. Il s'agit de créer des valeurs salvatrices propres aux Africains.

Question 3

L'Afrocratisme admet-il la présence physique des Blancs en Afrique? Sinon c'est du racisme.

Notre réponse

L'Afrocratisme n'est pas un essai sur les races mais sur le rapport culture-développement dans le contexte des rapports de force opposant les civilisations. Nous voulons que l'Afrique se développement à partir de sa culture, de sa sagesse et de son génie propres pour être **maîtresse d'elle-même** et **puissante**. Il s'agit pour les Africains d'éviter un parasitisme dangereux et honteux (aliénation, domination, esclavage). Nous luttons contre la culture dominante venue de l'Europpe et de l'Amérique qui constitue un obstacle mortel pour l'Afrique. Mais nous n'avons rien contre la race blanche, ni contre les hommes blancs innocents. Il ya des Blancs qui aiment l'Afrique et qui travaillent pour le compte des Africains. Ceux-là sont de très bons Afrocrates, de très bons conseillers et intellectuels honnêtes. Nous nous inspirons même de leurs idées et les citons abondamment dans nos travaux afrocratiques (René Dumond, Thierry Michalon, Jean Ziegler, Roger Garaudy...). Nous combattons uniquement l'impérialisme, le colonialisme, l'esclavagisme, le racisme, le modernisme occidentalocentrique et tous leurs semblables.

Question 4

Que doit faire le partisan de l'Afrocratisme? Ou quelles sont les conditions à remplir pour être un Afrocrate?

Notre réponse

Pour être Afrocrate, il faut accorder beaucoup de respect et la priorité à la culture africaine, dans la recherche des stratégies de développement, et aimer la justice, l'indépendance, la liberté et l'Afrique etc. Comme l'Afrocratisme est une philosophie du développement africain, il est nécessaire d'avoir des aptitudes de chercheur (rigueur, esprit critique, courage, volonté...), de penseur, de théoricien objectif (amour de la vérité). L'Afrocrate doit étudier, découvrir les contradictions (problèmes) africaines et essayer de leur apporter des solutions. Il doit effectuer des recherches approfondies sur l'Afrique d'une manière spéculative et positive. Il doit critiquer les africanismes divers et idéologiques (au sens marxien de ce mot). Il s'agit de connaître à fond le continent africain sous tous les rapports, dans sa diversité et sa multiplicité culturelles et sociales, et de le défendre légitimement en toute connaissance de cause.

Question 5

Où se trouve l'originalité de l'Afrocratisme?

Notre réponse

L'Afrocratisme est une philosophie qui se distingue de toutes les autres philosophies du développement africain (de la destinée noire), par son caractère révolutionnaire. Il revendique l'originalité, l'indépendance et la décolonisation absolue de l'Afrique. Il est assoiffé de l'authenticité culturelle africaine pure. C'est un anti-modernisme revendiquant la paysanocratie.

Question 6

L'Afrocratisme a-t-il un modèle politique et un modèle économique spécifiques pour l'Afrique?

Notre réponse

Oui. Ses modèles politiques sont la royauté, la chefferie et le système impérial africains. Tous les systèmes politiques étrangers à l'Afrique sont illégitimes et inefficaces. Ils sont inacceptables. Les frontières coloniales (qui divisent l'Afrique) et les nationalités doivent disparaître. De même, l'économie extravertie, politique (macro-économie), monétaire ou marchande est dangereuse et illégitime pour l'Afrique. Il faut donc une économie naturelle, libre, basée sur l'agriculture, l'artisanat et l'industrialisation. Il s'agit donc, ici encore, d'une décolonisation et d'une recherche d'indépendance et d'originalité.

Question 7

L'Afrocratisme est, selon nous, une utopie.
Est-ce votre avis aussi?

Notre réponse

L'Afrique, telle que nous la voulons, n'existe nulle part, aujourd'hui. Elle existera peut-être demain, comme organisation parfaite. C'est donc une utopie au sens noble, comme projet ou idée régulatrice, qui exhorte les Africains à l'action révolutionnaire et libératrice en vue de leur bonheur. C'est une théorie, une pensée, une philosophie traduisant un rêve, un idéal élevé.

Objection 1

L'Afrique est déjà trop avancée dans la voie de la modernité. Elle est déjà trop occidentalisée. Par conséquent, l'Afrocratisme ne pourra pas la transformer. L'Afrocratisme est donc un discours stérile et vain.

Notre réponse

Les villes africaines actuelles avec leurs populations intellectuelles (bureaucrates, administrateurs, fonctionnaires, dirigeants politiques etc.), leurs structures et institutions diverses, économiques, politiques, sociales, culturelles, sont bien sûr très modernisées et occidentalisées. Mais la plus grande partie de l'Afrique constituée par le monde rural, préserve jalousement le patrimoine culturel noir. Il est vrai que les villages aussi se modernisent et s'occidentalisent de plus en plus, accueillant des sructures, des services administratifs, publics tels l'école, le dispensaire, la maternité, la sous-préfecture, la police, la gendarmerie, l'économie marchande basée sur la production et la commercialisation du cacao, du café, de l'ananas, des bananes douces, du coton…Il ya aussi l'électrification et les adductions d'eau que l'on rencontre dans les villages proches des capitales ou bénéficiant directement des influences des grandes villes: routes bitumées, villas luxueuses, automobiles, radios, télévisions, cinémas… Elèves, étudiants, fonctionnaires, cadres et personnalités politiques, sont, pour la plupart, originaires des villages divers. Certains d'entre eux demeurent très attachés à leurs villages et y pratiquent le mode de vie occidental: bal, danse, théâtre, football, repas, vêtements, langues, religions et autres éléments culturels exportés de la ville dominante. Cependant, malgré tous ces signes ou facteurs d'aliénation menaçante, l'espoir reste bien grand quant à la survie réelle des valeurs noires en Afrique et quant à la renaissance culturelle du monde noir. Même dans nos villes modernes, beaucoup de personnes pensent, vivent, s'organisent et agissent comme des villageois. Il ya transposition (ou prolongement) du monde rural noir dans les villes. Des paysans s'installent de plus en plus dans les villes sans pouvoir se confondre avec les citadins intellectuels, "Blancs".

Ainsi l'on a des villes-villages en Afrique. Par exemple, on voit dans certains quartiers huppés d'Abidjan, en Côte d'Ivoire, notamment à Cocody, lieu très prestigieux qui abrite la résidence privée du Président de la République et celle des Ambassadeurs, des Ministres et des bourgeois, des champs de manioc, de maïs, d'arachides, de tomates, de salade, de gombo, d'aubergines, des troupeaux de moutons et de boeufs, des cases villageoises… L'on y parle les langues africaines, s'habille, mange, danse à l'africaine. Dans cette Capitale ivoirienne, les habitants (Ebrié) des villages périphériques (Anono, Blokoss, Mpouto, Anoumambo, Agban) organisent annuellement, en pleine rue, leurs fêtes traditionnelles guerrières (fêtes de générations). Cela démontre très éloquemment un attachement fervent et sacré des Noirs à leurs cultures et à leurs civilisations dominées. Sur cette solidarité naturelle et sur cet attachement très solide à l'ethnie, au village, à la religion et à l'idéologie noires, les Afrocrates peuvent reconstruire une Afrique noire libre, naturelle et heureuse. L'Afrocratisme n'est donc pas une doctrine vaine ni stérile. Il engendrera la confiance en soi, l'espoir et la puissance qui combattront la tendance africaine à négliger et à abandonner les cultures et les civilisations noires salvatrices. C' est un **stimulus**.

Question 8

Etes-vous pour ou contre le métissage culturel?

Notre réponse

En tant qu'Afrocrate, je suis contre le métissage culturel des Africains. C'est une domination et une aliénation culturelles. Un tel métissage est le facteur principal du sous-développement des Africains, de notre appauvrissement ou paupérisation. Il traduit la lâcheté, la paresse, la faiblesse, la bêtise des modernistes. C'est honteux et insultant pour nous, les Africains. En tant qu' êtres humains, ne sommes nous pas capables de penser et de créer des valeurs nouvelles de culture et de civilisation propres, originales pour notre bien, notre bonheur et notre salut?

Question 9

L'Afrocratisme est-il un Parti Politique?

Notre réponse

Non. C'est une théorie ou une philosophie politique et non pas une pratique politique. Et l'Afrocratisme est absolument opposé aux conceptions et aux pratiques politiques de l'Occident: pluralisme "bellogène", anarchie, violence. C'est une philosophie qui veut montrer le sens et les stratégies de l'action africaine contre l'occidentalocentrisme. Ce mot résume tous les maux de l'Occident contre les Africains.

Objection 2

L'Afrocratisme apparaît comme un facteur de division des Africains dans la mesure où il invite chaque groupe ethnique à se replier sur ses valeurs propres et à ne pas s'ouvrir aux autres.

Notre réponse

Non. L'Afrocratisme n'est pas un facteur de division ethnique. C'est lui plutôt qui prône la solidarité entre les ethnies et l'idée de la confédération des ethnies. Il combat les faux Etats et les partis politiques qui se prennent pour des Nations. Il dénonce l'illusion de nation empoisonnant et dominant les peuples africains. L'Afrocratisme est rassembleur.

Objections 3

L'indépendance et l'originalité culturelles de l'Afrique entraîneront la recolonisation des Africains par l'Occident. Cela rendra l'Afrique plus vulnérable et donc toujours vincible. L'Afrocratisme veut, par conséquent, se rendre responsable du malheur africain.

Notre réponse

Non. Pas du tout juste. L'indépendance et l'originalité signifient liberté, créativité, puissance et victoire. C'est plutôt notre manque actuel de combativité et de résistance à l'égard de l'Occident qui favorise notre recolonisation et le néocolonialisme. La vérité est que "l'Afrique se trompe de but car son désir d'imiter un mode de vie totalement hors de sa portée l'assujettit toujours plus à des intérêts dont elle prétend vouloir se libérer et pervertit toujours plus ses équilibres politiques, économiques et sociaux. L'Afrique se trompe d'ennemi en désignant celui-ci à l'extérieur et en le vitupérant avec violence alors qu'elle se met elle-même sous sa domination. Le véritable ennemi, chaque Africain le transporte en soi: c'est sa fascination inavouée pour un mirage, la "société de consommation", ses délices et ses poisons (…). L'Afrique, qui est en train de sombrer, pourrait très vite refaire surface et se reprendre en main. Encore faudrait-il pour cela une conversion de ses leaders à un projet politique autre que de pure imitation, leur abandon résolu de certaines fascinations, leur découverte des vertus de l'austérité partagée, et surtout leur confiance réelle dans l'Afrique profonde et dans ses hommes" (Thierry Michalon, in **Quel Etat pour l'Afrique?**, Paris, l'Harmattan, 1984, pp. 144-146). Modernisme, Développement, Civilisation, Lutte contre la pauvreté, Mondialisation, Indépendance, Nation, Progrès, Démocratie, République, Libéralisme, Socialisme… Telles sont les appellations diverses du colonialisme, du néocolonialisme, de l'esclavage et de l'impérialisme occidental actuel sur l'Afrique. Ainsi l'on voile et cache tous ces actes odieux et on les rend acceptables aux Africains. Ce sont des pièges et des armes redoutables, silencieuses contre les Africains.

Une telle lecture ou analyse de la vie dite MODERNE, civilisée, en progrès, en développement etc. s'appelle Afrocratisme, c'est-à-dire la philosophie du développement authentique et salutaire de l'Afrique.

ANNEXE 1

(La critique de Thierry Michalon)

Quel Etat pour l'Afrique?

Citons Thierry Michalon qui "soutient" l'Afrocratisme. "Les propositions que l'on vient de lire suscitent généralement une attitude de rejet chez les Africains et ironie des non-Africains. Les premiers, en effet, cadres ou futurs cadres, supportent mal que soient mises en question les institutions dont ils attendent les privilèges auxquels ils se préparent -et leurs familles derrière eux depuis longtemps. Souvent conscients de la paralysie de l'Etat, ils s'entretiennent (comme naguère leurs aînés) dans l'illusion que l'arrivée dans les rouages de l'Etat de la nouvelle génération dont ils font partie va purifier les comportements et entraîner enfin le démarrage tant attendu. Depuis vingt ans cet espoir a toujours été déçu, et il est maintenant évident, pour qui veut bien regarder, que les comportements de laisser-aller, de corruption, de favoritisme, ne sont pas la cause de la stagnation de l'Afrique, mais bien plutôt la conséquence inévitable et mortelle de l'inadaptation des institutions aux réalités sociales. En se bornant à rechercher dans les défauts des hommes l'explication des blocages de l'Afrique, on reste incapable de sortir de l'impasse. Et l'on justifie les explications racistes du genre: "nous l'avions bien dit, ils sont incapables de..."

Il faut remonter plus haut: les institutions importées sont, en profondeur, ressenties par tous, même par les responsables, comme étrangères, et ce gouffre béant entre elles et la culture réelle engendre les comportements laxistes que l'on croit, à tort, à l'origine de tout le mal. L'univers des bureaux ne coincide pas avec l'univers de la solidarité. Et les grandes proclamations s'avèrent impuissantes à modeler le second sur les structures du premier. Il reste donc- car il ya urgence- la démarche inverse...- Ces propositions de pouvoir régional provoquent aussi l'ironie sceptique des non-Africains. Au nom d'un prétendu "réalisme" ils se refusent à envisager que le type d'Etat qu'ils ont apporté à l'Afrique (et qu'ils y maintiennent souvent à bout de bras) ne soit pas la meilleure technique pour résoudre les problèmes du continent. Ce qui nous a réussi, pensent-ils, ne peut qu'être excellent pour eux; et si ces institutions centralisées fonctionnent si mal en Afrique, c'est qu'elles y sont en de mauvaises mains...-Ces deux réactions se rejoignent donc dans un commun refus de remettre en question les institutions existantes. Refus des dirigeants africains et de ceux qui se préparent à les remplacer, car tout ce qui vient du monde industriel est revêtu d'un irrésistible prestige, et aussi car cet Etat est- ou sera- le fondement de leurs privilèges. Refus des non-Africains aussi, car leur mainmise sur ces pays, sur leurs élites, sur leur économie, passe nécessairement par une vaste capitale concentrant tous les responsables, tous les pouvoirs, et tous les moyens financiers. -Il n'est donc guère aisé aujourd'ui de suggérer que l'Afrique rejette les modèles étatiques importés et recherche en elle-même, dans son propre patrimoine, les fondements d'un Etat africain nouveau qui bénéficierait enfin de la confiance, donc de la participation des hommes. Pourtant, une telle conversion pourrait tout changer" (Thierry Michalon, in **Idem**, pp. 115-116).

Nous terminerons par un appel: Africaines et Africains, freinons nos désirs égoïstes, notre orgueil égocentrique, nos ambitions irrationnelles, nos tendances individualistes, nos sottises et notre légèreté exagérées en tous les domaines. La cruauté et les affres du temps présent nous obligent à marquer un arrêt dans nos actions, nos pensées et nos sentiments routiniers, spontanés, macabres pour réfléchir longuement sur notre destinée commune en danger croissant et multiforme, en cette période décisive de l'histoire. Notre essai actuel vous paraîtra peut-être insolite, prétentieux ou arrogant parce qu'il est l'oeuvre d'une personne anonyme, non influente politiquement, financièrement, militairement etc. Mais peu importe. Notre grand amour pour notre continent, l'Afrique, et pour notre race noire ainsi que notre passion pour la réflexion philosophique et sociologique nous forcent à nous engager résolument dans cette voie, hélas combien périlleuse! Nous en sommes bien conscient. Et nous en assumerons toutes les conséquences. Après tout, ne faut-il pas toujours des martyrs, des gens qui acceptent de se sacrifier, de prendre des risques pour qu'il y ait, un jour, un véritable changement qualitatif et quantitatif en Afrique? Pour cette nécessité, nous nous devons d'interpeller ici votre conscience nationaliste et patriotrique sur la très grave crise et la violence généralisées qui secouent impitoyablement notre continent et qui risquent de perdurer si rien ne se fait, à partir de maintenant.

Dans ce travail, qui n'est pas un système mais une pensée libre qui se construit et se développe progressivement en suivant le cours des événements et la marche de l'histoire, nous avons tenté de rappeler les faits les plus saillants dont nous souffrons journellement et de situer leur sens, leur valeur, leur cause, leur origine et leurs conséquences catastrophiques. Cependant, nous ne pouvons pas nous vanter d'avoir trouvé LA SOLUTION ABSOLUE de tous les maux africains. La solution globale, complète et absolue de toutes nos contradictions viendra de tous les Noirs et de chaque Noir voulant être libres, heureux, dignes, responsables, respectés, justes et créateurs. Nous préconisons donc une Révolution éthique et psychologique fondée sur la solidarité, la force, le courage, la lucidité, le patriotisme, la fraternité et la foi en soi. Voilà l'axiologie qui s'impose présentement à nous, les Africains. Comprendre ce message afrocratique, le méditer et le vivre quotidiennement est **un devoir pour tout Africain**. Telle est notre contribution à l'oeuvre générale de la reconstruction de l'Afrique, notre proposition comme philosophie et idéologie pour soigner et sauver notre continent très malade à cause du Code Noir et du Pacte Colonial (esclavage, Conférence de Berlin, balkanisation, colonisation, transhumanisme, nouvel ordre mondial, covid-19, eugénisme, franc-maçonisme).

ANNEXE 2

Le Pacte Colonial

Les onze accords secrets signés entre la France et les pays d'Afrique francophones

Peu de gens le savent. Mais il existe bel et bien des accords signés entre la France et ses anciennes colonies africaines. Ces accords concernent de nombreux domaines tels que le militaire, le politique mais surtout l'économique.

1. La dette coloniale pour remboursement des bénéfices de la colonisation

Les Etats nouvellement indépendants doivent rembourser le coût des infrastructures construites par la France pendant la colonisation.

2. La confiscation automatique des réserves financières nationales

Les pays africains doivent déposer leurs réserves financières auprès de la Banque de France. Ainsi la France "garde" les réserves financières de 14 pays africains depuis 1961: le Bénin, le Burkina Faso, la Guinée Bissau, la Côte d'Ivoire, le Mali, le Niger, le Sénégal, le Togo, le Cameroun, la République Centrafricaine, le Tchad, le Congo-Brazzaville, la Guinée Equatoriale et le Gabon. Ainsi la gouvernance des politiques monétaires reste asynchrone et incomplète du fait qu'elle soit pilotée directement par le gouvernement français, sans aucun lien avec les autorités financières des pays tels que la CEMAC ou la CEDEAO. Ainsi du fait des conditions qui lient les banques des zones économiques et financières, elles sont obligées de garder 65% de leurs réserves de change dans un compte d'opérations tenu par le Trésor Français, ainsi que 20% supplémentaires afin de couvrir "les risques financiers". De plus, les banques des zones CFA imposent une limite de crédit à chaque pays membre équivalant à 20 % des recettes d'Etat de l'année N-1! Bien que le BEAC ou la BCEAO ont des possibilités de retrait supérieures auprès du Trésor Français, ces extraits doivent faire l'objet de l'accord du Trésor Français. La décision finale revient donc au Trésor Français qui a lui-même investi les réserves des pays africains sur la place boursière parisienne. En d'autres mots, 80 % des réserves financières africaines, sont déposés sur un compte d'opération contrôlé par l'administration française. Les deux banques de la zone CFA sont africaines de par leurs noms, mais ne décident aucune des politiques monétaires par elles-mêmes. Pire, les pays eux-mêmes ne savent même pas quelle est la part de réserves financières qui leur appartient en groupe ou individuellement en tant que pays, mais détenue par l'administration du Trésor Français. Les gains issus des investissements de ces fonds au Trésor Français sont censés être rajoutés à la cagnote africaine, mais aucun compte n'est donné là-dessus aux banques ni même aux pays membres. "Seul un groupe limité à six administrateurs du Trésor français ont connaissance des montants du compte d'opération, du lieu d'investissement des sommes. Les banques centrales africaines n'ont pas accès à ces informations", déclarait le Dr. Gary K. Busch.

500 milliards de dollars des caisses africaines au Trésor français chaque année. On estime maintenant que la France détient près de 500 milliards de dollars auprès de son Trésor. Elle est donc prête à tout afin de combattre toute personne qui chercherait à faire la lumière sur le côté obscur de ce vieil empire. Les pays africains ne disposent pas d'accès à cet argent. La France leur permet d'accéder à seulement 15 % de l'argent chaque année. S'ils ont besoin de plus que cela, ils doivent emprunter de l'argent supplémentaire à partir de leur propre 65% du Trésor français à des taux commerciaux.

De plus, la France impose un plafond sur le montant de l'argent que les pays peuvent emprunter dans leur réserve. Le plafond est fixé à 20 % de leurs recettes publiques de l'année précédente. Si les pays ont besoin d'emprunter plus de 20 % de **leur propre argent**, la France dispose d'un droit de veto.

3. Le droit de premier refus sur toute ressource brute ou naturelle découverte dans le pays

La France a le premier droit d'achat des ressources naturelles de la terre de ses ex-colonies. Ce n'est qu'après que la France a dit: "Je ne suis pas intéressée", que les pays africains sont autorisés à chercher d'autres partenaires.

4. Priorité aux intérêts et aux entreprises françaises dans les marchés publics et appels d'offre publics

Dans l'attribution des marchés publics, les entreprises françaises ont la priorité sur l'attribution, même si les pays africains peuvent obtenir un meilleur rapport qualité-prix ailleurs. En conséquence, dans la plupart des ex-colonies françaises, tous les leviers économiques sont entre les mains des expatriés français. En Côte d'Ivoire, par exemple, les entreprises françaises possèdent et contrôlent tous les grands services publics: eau, électricité, téléphone, transports, ports et les grandes banques. C'est la même chose dans le commerce, la construction et l'agriculture.

5. Droit exclusif de fournir des équipements militaires et de former les officiers militaires des colonies

Grâce à un système sophistiqué de bourses, de subventions et d'"accords de défense" attaché au pacte colonial, les Africains doivent envoyer leurs officiers supérieurs en formation en France. La situation sur le continent est telle que la France a formé des centaines, voire des milliers de traîtres. Ils sont tous en sommeil et seront activés en cas de besoin pour un coup d'Etat ou tout autre but.

6. Le droit pour la France de déployer des troupes et d'intervenir militairement dans le pays pour défendre ses intérêts

En vertu de ce qu'on appelle "les accords de défense" attachés au pacte colonial, la France a le droit d'intervenir militairement dans les pays africains et aussi de stationner des troupes en permanence dans les bases et installations militaires entièrement gérées par les Français. Lorsque le Président Laurent Gbagbo de la Côte d'Ivoire a tenté de mettre fin à l'exploitation française de son pays, la France a organisé un coup d'Etat. Pendant le long processus pour évincer Gbagbo, des hélicoptères de combat et des forces spéciales sont intervenus directement dans le conflit et ont tiré sur des civils. La France a estimé que les hommes d'affaires français avaient perdu plusieurs millions de dollars d'actifs en quittant précipitamment Abidjan en 2006. Pourtant, l'armée française a massacré plus de 65 civils non armés et en a blessé 1200 autres. Par la suite, la

France a réussi un coup d'Etat. Elle a fini par transférer le pouvoir à Allassane Ouattara. La France a demandé au gouvernement Ouattara de verser une indemnité à la communauté française pour rembourser les pertes pendant la guerre civile. Le gouvernement Ouattara leur a payé deux fois le prix de ce qu'ils avaient demandé.

7. L'obligation de faire du français la langue officielle du pays et la langue pour l'éducation

Oui, monsieur, vous devez parler français, la langue de Molière! Une organisation de la langue française et de la diffusion de la culture française a même été créée. Elle s'appelle la "Francophonie" et possède plusieurs organisations satellites. Ces organisations sont affiliées et contrôlées par le ministère français des Affaires étrangères.

8. L'obligation d'utiliser le franc CFA (franc des Colonies Françaises d'Afrique)

Voilà la vraie vache à lait pour la France. Ce système est même dénoncé par l'Union Européenne. Mais la France n'est pas prête à faire tomber ce système économique datant de la colonisation qui met environ 500 milliards de dollars des caisses de l'Afrique dans sa trésorerie. Lors de l'introduction de la monnaie Euro en Europe, les autres pays européens ont découvert le système d'exploitation français. Beaucoup, spécialement les pays nordiques, ont été consternés, et ont suggéré à la France de se débarrasser du système mais sans succès.

9. L'obligation d'envoyer en France, un bilan annuel et un rapport d'état des réserves

Pas de rapport, pas d'argent. Quoi qu'il en soit, le directeur des banques centrales des ex-colonies présente ledit rapport lors des réunions bis-annuelles des ministres des Finances sur les ex-colonies. Ce rapport est ensuite compilé par la Banque de France et le Trésor français.

10. Renoncer à toute alliance militaire avec d'autres pays, sauf autorisation de la France

Pourquoi les alliances militaires régionales en Afrique sont les plus faibles? La plupart des pays ont seulement des alliances militaires avec leurs ex-colonisateurs! Drôle, mais vous ne pouvez pas faire mieux! La France leur interdisait toute autre alliance militaire.

11. L'obligation de s'allier avec la France en cas de guerre ou de crise mondiale

Plus d'un million de soldats africains se sont battus pour la défaite du nazisme et du faschisme au cours de la seconde guerre mondiale. Leur contribution est souvent ignorée ou minimisée. Mais quand vous pensez qu'il a fallu seulement 6 semaines à l'Allemagne pour vaincre la France en 1940. Il ya quelque chose de presque psychopathique dans la relation entre la France et l'Afrique. La première réaction des gens quand ils apprennent l'existence de la taxe coloniale française est de poser la question: "Jusqu'à quand?" A ce titre de comparaison historique, la France a fait payer l'équivalent de 21 milliards de dollars de 1804 à 1947 (près d'un siècle et demi) pour les pertes causées aux marchands d'esclaves français par l'abolition de l'esclavage et de la libération des esclaves haïtiens. Les pays africains paient la taxe coloniale depuis seulement 50 ans, donc cela pourrait durer encore un siècle de plus si nous ne faisons rien.

ANNEXE 3

La charte de l'impérialisme

**Le document qui autorise l'Occident à asservir le
tiers-monde**

L'agencement actuel du monde, fait de puissances dominatrices sur les autres pays fragiles, n'est pas un fait du hasard. Depuis 1885, à la Conférence de Berlin et à d'autres rencontres du genre comme Yalta, les "grands" du monde ont décidé à travers une charte leur mainmise inhumaine sur le Tiers-Monde qu'ils exploitent honteusement. Comment nous sortir de ce guêpier?

La présente "charte" a été élaborée à Washington pendant la "Traite négrière", ensuite discrètement négociée à la Conférence de Berlin en 1885 pendant que les puissances occidentales se partageaient l'Afrique, renégociée secrètement à Yalta au moment du partage du monde en deux blocs après la deuxième guerre Mondiale et pendant la création de la "Société des Nations", l'Ancêtre de l'ONU. Source: "Musée de Trevient".

I. Disposition générale

Article 1

De la devise de l'impérialisme: gouverner le monde et contrôler les richesses de la planète. Notre politique est de diviser pour mieux régner, dominer, exploiter et piller pour remplir nos banques et faire d'elles les plus puissantes du monde.

Article 2

Aucun pays du Tiers-Monde ne constitue un Etat souverain et indépendant.

Article 3

Tout pouvoir dans les pays du Tiers-Monde émane de nous qui l'exerçons par pression sur les dirigeants qui ne sont que marionnettes. Aucun organe du Tiers-Monde ne peut s'en attribuer l'exercice.

Article 4

Tous les pays du Tiers-Monde sont divisés et leurs frontières déplaçables selon notre volonté. Le respect de l'intégrité territoriale n'existe point pour le Tiers-Monde.

Article 5

Tous les dictateurs doivent mettre leurs fortunes dans nos banques pour ıda sécurité de nos intérêts. Cette fortune servira de dons et crédits accordés par nous comme assistance et aide au développement aux pays du Tiers-Monde.

II. Du régime politique

Article 6

Tout pouvoir ou gouvernement établi par nous est légal, légitime et démocratique. Mais tout autre pouvoir ou gouvernement qui n'émane pas de nous est illégal, illégitime et dictatorial, quelles que soient sa forme et sa légitimité.

Article 7

Tout pouvoir qui oppose la moindre résistance à nos injonctions perd par le fait même sa légalité, sa légitimité et sa crédibilité. Il doit disparaître.

III. Des traités et des accords

Article 8

On ne négocie pas les accords et les contrats avec les pays du Tiers-Monde, on leur impose ce qu'on veut et ils subissent notre volonté.

Article 9

Tout accord conclu avec un autre pays ou une négociation sans notre aval est nulle et de nul effet.

IV. Des droits Fondamentaux

Article 10

Là où il ya nos intérêts, les pays du Tiers-Monde n'ont pas de droit. Dans les pays du Sud, nos intérêts passent avant la loi et le droit international.

Article 11

La liberté d'expression, la liberté d'association et les Droits de l' Homme n'ont pas de sens dans les pays où les dirigeants s'opposent à notre volonté.

Article 12

Les peuples du Tiers-Monde n'ont pas d'opinion ni de droit, ils subissent notre loi et notre droit.

Article 13

Les peuples du Tiers-Monde n'ont ni culture ni civilisation sans se référer à la civilisation Occidentale.

Article 14

On ne parle pas de génocide, de massacre ni de "crimes de guerre" ou de "crimes contre l'Humanité" dans les pays où nos intérêts sont menacés. Même si le nombre des victimes est très important.

V. Des finances publiques

Article 15

Dans les pays du Tiers-Monde, nul n'a le droit de mettre dans ses banques que le plafond d'argent fixé par nous. Lorsque la fortune dépasse ce plafond, on la dépose dans l'une de nos banques pour que les bénéfices retournent sous forme de prêt ou d'aide économique au développement en espèce ou en nature.

Article 16

N'auront droit à l'aide précitée que les pays dont les dirigeants font preuve d'une soumission totale à nous, c'est-à-dire nos marionnettes et nos valets.

Article 17

Notre aide doit être accompagnée des recommandations fortes de nature à empêcher et briser toute action de développement des pays du Tiers-Monde.

VI. Des traités militaires

Article 18

Nos armées doivent être toujours plus fortes et plus puissantes que les armées des pays du Tiers-Monde. La limitation et l'interdiction d'armes de destruction massives ne nous concernent pas mais les autres.

Article 19

Nos armées doivent s'entraider et s'unir dans la guerre contre l'armée d'un pays faible pour afficher notre suprématie et nous faire craindre par les pays du Tiers-Monde.

Article 20

Toute intervention militaire a pour objectif de protéger nos intérêts et ceux de nos valets.

Article 21

Toute opération d'évacuation des ressortissants des pays occidentaux cache notre mission réelle, celle de protéger nos intérêts et ceux de nos valets.

VII. Accords internationaux

Article 22

L'ONU est notre instrument, nous nous devons de l'utiliser contre nos ennemis et les pays du Tiers-Monde pour protéger nos intérêts.

Article 23

Notre objectif est de déstabiliser et détruire les régimes qui nous sont hostiles et installer nos marionnettes sous la protection de nos militaires sous la couverture des mandats des forces de l'ONU.

Article 24

Les résolutions de l'ONU sont des textes qui nous donnent le droit et les moyens de frapper, de tuer et de détruire les pays dont les dirigeants et les peuples refusent de se soumettre à nos injonctions sous la couverture des résolutions du conseil de sécurité de l'ONU.

Article 25

Notre devoir est de maintenir l'Afrique et d'autres pays du monde dans le sous-développement, la misère, la division, les guerres, le chaos pour bien les dominer, les exploiter et les piller à travers les "Missions" des "Nations-Unies".

Article 26

Notre règle d'or est la liquidation physique des leaders et dirigeants nationalistes du Tiers-Monde.

Article 27

Les lois, les résolutions, les cours et tribunaux des "Nations-Unies"sont nos instruments de pression contre les dirigeants et les leaders des pays qui défendent les intérêts de leurs peuples.

Article 28

Les dirigeants des puissances occidentales ne peuvent être poursuivis, arrêtés ou incarcérés par les cours et tribunaux de l'ONU, même s'ils commettent des "crimes de guerre", des "génocides"ou des "crimes contre l'humanité".

Source: Musée de Tervuren ou "Musée Royal de l'Afrique Centrale" (Belgique).

LEXIQUE AFROCRATIQUE

"En tous les cas, chaque grand philosophe a inventé sa propre langue et il n'existe pas de langage philosophique universel"

(D'après Louis-Marie Morfaux, in **Vocabulaire de la philosophie et des sciences humaines**).

LEXIQUE

Village

Cadre de vie des Négro-Africains qui se sont créé une civilisation propre. Reste que le village puisse s'affranchir de toute domination impérialiste, néocolonialiste, de l'oppression et de l'exploitation de l'homme par l'homme. Il s'oppose à la ville. Il est la négation de la modernité occidentale et de l'intellectocratie. C'est l'univers des paysans africains.

Paysan

Habitant du village. Celui qui pratique la civilisation villageoise, c'est-à-dire la sagesse idéale, afrocratique. C'est un Afrocrate, un traditionaliste.

Paysanocratie

C'est le gouvernement des sociétés civiles africaines par les paysans-villageois ou Afrocrates. La paysanocratie s'oppose à l'intellectocratie occidentalocentrique et moderniste. C'est le régime socio-politique inspiré par l'Afrocratisme. C'est l'idéal qui doit être réalisé par et pour les Africains.

Paysanatisme

Système d'idées ou d'attitudes favorable à la paysanocratie et à la paysannerie. C'est l'anti-modernisme qui se manifeste par le syndicalisme, la politique et la culture.

Modernisme

Idéologie ou système de pensées, de sentiments et de comportements qui méprise, dénigre et condamne la culture et la civilisation négro-africaines villageoises, au profit de l'Occident. C'est la glorification ou apologie des valeurs occidentales (occidentalocentrisme). C'est l'impérialisme consistant à imposer astucieusement les valeurs occidentales au soi-disant Tiers Monde. C'est la domination, le racisme, l'oppression, l'exploitation voilée, hypocrite. Attitude méprisante envers les non-Occidentaux considérés comme des sauvages, des barbares ou non -évolués. C'est la vision du monde opposée à l'Afrocratisme. Plus précisément, l'Afrocratisme est la négation et le dépassement dialectique du modernisme (comme le Auf hebung hégélien).

Développement

Synonyme de modernisation, occidentalisation, exotisme, mimétisme, aliénation, domination, pilier principal de l'idéologie occidentalocentrique. C'est la base de l'idéologie colonialiste, néocolonialiste et impérialiste de l'Occident. C'est un substitut ou avatar de l'esclavagisme et du racisme, qui guide toutes les actions politiques, économiques, sociales, culturelles, spirituelles etc. menées par la classe intellectocratique africaine assujettie aux intérêts hégémoniques de l'Occident.

Intellectocratie

Action des intellectuels officiels modernistes qui s'imposent en maîtres absolus aux villageois. Monopolisation, confiscation et usurpation de tous les pouvoirs et droits par l'intelligentsia occidentalocentriste. C'est le gouvernement ou la direction sociale, de façon absolue, par l'intelligentsia officielle.

Occidentalocentrisme

Système de pensées, de comportements et de sentiments ayant pour modèle ou référence l'Occident. De l'occidentalocentrisme (européocentrisme plus américanocentrisme) sont nés l'esclavagisme, le racisme, l'impérialisme, le colonialisme etc. Son but général est la défense des intérêts matériels, moraux, économiques, politiques, socio-culturels et spirituels de l'Occident, c'est-à-dire la domination et l'exploitation exclusive par les Blancs de toute la terre au détriment du reste de l'humanité.

Tradition africaine

Ensemble des coutumes, des civilisations et des cultures qui seraient transmises comme héritage à la génération des Africains actuels par ses ancêtres. Cette expression qui est d'origine intellectocratique et impérialiste est très péjorative et suspecte. En fait, elle désigne l'ensemble des valeurs socio-culturelles villageoises qui est dominé, méprisé par les Occidentaux et les modernistes, c'est-à-dire leurs vassaux, suppôts, sbires ou thuriféraires africains. Les cultures et les civilisations villageoises sont considérées par les Africains modernistes et occidentalocentristes comme archaïques, inférieures, honteuses, sauvages, barbares, sans valeur. Elle est opposée à la Modernité occidentale. Elle est vue comme un mal, un danger, un obstacle pour le Développement, synonyme d'occidentalisation, de civilisation-impérialisme. La colonisation est, dit-on dans cette optique hégémonique, un mal nécessaire, utile, qui délivre les Noirs de la tradition africaine. Cette appréciation des choses révèle la schizophrénie dont souffrent les Africains aliénés par le colonialisme et l'occidentalocentrisme.

Nation

Les nations sont dans le contexte de l'Afrique dite moderne des "fédérations" ethniques, tribales, claniques, issues de la "balkanisation" de l'Afrique par les colonisateurs européens. Ces nations-fédérations non fondées sur le consentement libre des peuples (regroupés et dominés par des Etats illégitimes, jacobins, unitaires et autoritaires) sont en constantes révoltes. Leur refus est caractérisé par plusieurs manifestations psychologiques et sociologiques violentes: tribalisme, régionalisme, népotisme, clanisme, laxisme, prévarication, gabegie, guerres, coups d'Etat, sécession, anarchie...Le devoir des Afrocrates est de dénoncer cette illégimité politique afin de permettre une prise de conscience générale qui favorisera la libération et l'autonomisation des vraies nations. La société idéale des Africains sera le fruit de cette libération politique (souveraineté).

Fédération

Union légitime des "vraies nations" africaines qui sera constituée par la multitude des groupes ethniques, tribaux et claniques au niveau de chaque Etat-nation colonial et néocolonial. Cela se fera à partir d'un consensus populaire authentique.

Mégafédération

Suprafédération ou union des fédérations à former légitimement à une échelle continentale. Il s'agit d'une fédération panafricaine juste et libre, c'est-à-dire par un consensus des Communautés des Ethnies Indépendantes ou fédérations.

Légitimité Fondamentale

Accord ou consensus à établir au sein des ethnies, tribus, clans africains qui se traduira par la formation des fédérations régionales et de la mégafédération panafricaine. Faute de cette formalité fondamentale, il ya (et il y aura toujours) violence et désobéissance aux organisations illégitimes ou tyranniques que sont les Etats intellectocratiques et occidentalocentriques en Afrique. Les sociétés africaines actuelles sont en proie à une Illégitimité Politique Fondamentale instaurée par les colonisateurs et préservées méchamment et égoïstement par les Africains modernistes (corrompus et aliénés). Cela explique tous les troubles et toutes les crises actuelles. Et le besoin de la Légitimité Fondamentale se fait de plus en plus sentir par l'existence de tous les fléaux et de tous les malaises qui règnent aujourd'hui en Afrique. La Légitimité Fondamentale est le meilleur remède de tous les maux présents. C'est une panacée pour les peuples africains.

Désintellectocratisation

C'est la politique consistant dans le renversement de l'ordre intellectocratique ou moderniste. C'est l'avènement de la paysanocratie et de la démocratie véritable en Afrique. C'est la négation ou le dépassement dialectique de l'intellectocratie. C'est le combat des Afrocrates.

Démodernisation

C'est l'abolition de la politique occidentalocentrique qui consiste dans la modernisation et le développement de l'Afrique comme domination, exploitation et destruction. Synonymes: désoccidentalisation, négation et dépassement dialectique de la modernité occidentale.

Onticide

Désigne l'action des Négro-Africains qui s'acharnent à détruire, à tuer leur être noir, c'est-à-dire leur personnalité négro-africaine au profit des valeurs blanches établies chez nous.

Civilisaticide

Désigne l'action des Négro-Africains et des Blancs qui aboutit à la mise à mort des civilisations noires.

Culturicide

Désigne l'action des Négro-Africains et des Occidentaux qui tue les cultures négro-africaines.

Afrocratie

Système de gouvernement des peuples africains selon les coutumes et la sagesse propres aux Négro-Africains. L'Afrocratie est une réalité socio-historique africaine propre qui s'oppose aux institutions politiques urbaines dites modernes (Etat, Nation, République, intellectocratie, occidentalocentrisme).

Afrocratique

Adjectif qualifiant tout ce qui est lié à l'Afrocratisme.

Afrocratiser

Donner un caractère, une valeur ou une qualité à quelqu'un ou à quelque chose pouvant l'intégrer à l'Afrocratisme. Soumettre à l'influence de l'Afrocratisme. On peut dire également afrocraticiser.

Afrocrate

Partisan de l'Afrocratisme, bon patriote africain, militant exemplaire.

L'AUTEUR

François Adja Assemien est né en 1954 en Côte d'Ivoire. Il a étudié les lettres classiques (latin et grec) et les sciences humaines. Il est diplômé en philosophie (Doctorat d'Etat) et en sociologie (Licence). Il est professeur de philosophie à l'université, écrivain, chercheur, journaliste et artiste-musicien. Il parle et écrit trois langues vivantes que sont le français, l'anglais et l'allemand. Son oeuvre comprend des pièces théâtrales (lauréat du Festival ivoirien du Théâtre Scolaire en 1989), des romans, nouvelles, manuels pédagogiques et méthodologiques, essais politologiques, philosophiques et sociologiques. Il est le Directeur de publication et le Rédacteur en Chef du Journal Panafricain d'analyse politique et culturelle appelé "**L'Afrocrate**". Il est le Présidant-Fondateur de l'Association Africaine des "Philocuristes". Il est aussi journaliste et animateur d'une radio communautaire basée à Washington DC dénommée Jacques Roger Show ou Radio Afrique 2050.

Il est auteur de cinq concepts fondamentaux: "Philocure", "Afrocratisme", "Sidarologie", «Conscience Africaine», «Aboubou musique". Il est également artiste musicien, guitariste, compositeur et chanteur. Il vit aux Etats-Unis d'Amérique.

L'OUVRAGE

L'Afrocratisme contre le nouvel ordre mondial est le fruit d'une étude critique des valeurs en cours dans l'Afrique actuelle qui est soumise à toutes sortes de violence, d'injustice et d'arbitraire. C'est une philosophie de l'histoire, une éthique et une politologie apuyées par les sciences humaines. Cette vaste réflexion a pour enjeu de guider les Africains vers le changement et le progrès. La destinée de l'Afrique est prise ici comme objet de débat métaphysique et humaniste qui recherche les normes d'un nouvel ordre africain et d'un eudémonisme.